누구에게나 마음속의
    강물은 흐른다

누구에게나 마음속의 강물은 흐른다

장기오 수필집

수필과비평사

■ 작가의 말

70이다. 종심從心이라고는 하지만 아직도 마음먹은 대로 행하여 도리에 어긋나지 않기가 쉽지 않다. 일생 동안 나는 47편의 드라마를 연출했고 3권의 TV드라마에 관한 책을 냈다. 그리고 초야로 돌아온 후 2권의 수필집을 냈다. 여기에 한 권의 수필집을 더하려 한다. 살이의 세세한 슬픔과 억울함 등 자질구레한 생의 순간들을 다 가두어 글로 풀어낼 수는 없었겠지만 생각해 보면 꽃이 피었다 지듯이 한순간, 그저 찰나에 지나지 않았다는 생각을 금치 못한다.

나의 삶은 늘 절벽이었다. 항상 변방으로 떠돌며 전전긍긍하며 살아왔으며 아무런 연줄도 없이 여기까지 왔다. 다섯 살에 아버지를 여의고 고아처럼 떠돌며 근근이 목숨을 이어가던 청소년 시절, 돈 한푼 없이 상경하여 친구 집에 기숙하며 KBS에 들어간 일, 그 후 텔레비전 PD가 되기까지의 사투, 뒤처지지 않기 위해 밤을 밝힌 수많은 날들, 이 늦가을 찬바람 같은 삶의 외로움을 막아내기 위해 나는 이를 악물고 살았다. 열심히 한다고 해서 성과가 다 좋은 것은 아닐 것이다. 영광이 없었던 것은 아니지만 좌절도 있었고 내 자신에게 실망하는 경우도 많았다. 나는 그때마다 포기하고 싶었고 도망치고 싶었다. 그러함에도 나는 한번도 비루하게 명예를 구걸한 적도, 부당하게 남의 재물을 탐낸 일도 결코 없었다.

내 생애가 고통과 눈물의 연속이었다면 나는 나의 자식들만은 그렇게 살게 해서는 안 된다는 신념으로 살았다. 아버지 없는 자식들의 불행을 되풀이해서 내 자식들에게 물려주고 싶지 않았다. 가난이 사람을 얼마나 황폐하게 하는가를 나는 안다. 그래서 나는 자식들에게 자애로운 부정父情 대신 늘 엄격하고 단호했다.

명망 있는 문필가는 아니지만 다 풀어놓고 나니 못 견디게 쓸쓸하고, 영락零落을 탄식하게 된다. 피도 흘릴 만큼 흘려야 상처가 낫듯이 삶의 슬픔도 그러하리라. 조금은 한恨이 풀린 듯하다. 길고 험한 여정을 끝낸 기분이다. 더 쓸 이야기가 있을는지는 알 수 없지만 이제 연연하지 않을 것이다. 쉽게 단념하고 포기할 것이다. 종국에는 사람은 두 종류로 나누어진다. 슬픔을 극복한 자와 그렇지 못한 자. 그러나 그러한 역경이 사라진 뒤에도 사랑해야 할 것들은 여전히 있다. 그동안 나의 거듭된 방황과 좌절, 그리고 거친 몸부림에도 말없이 지켜봐준 아내에게 감사하며, 사랑보다는 회초리를 더 든 아버지 밑에서 빗나가지 않고 성장해 당당하게 제 몫을 하며 살고 있는 자식들이 대견스럽다. 하고 싶은 일 소신껏, 마음먹은 대로 하면서 눈물 흘리지 말고 좌절하지 말고 행복하게 살아 주기를 바랄 뿐이다.

어쭙잖은 나의 글을 지지해 주고 격려해 주신 모든 분들에게도 고개 숙여 감사드린다.

2015년 봄 석가헌夕佳軒에서
장기오

■ 차례

작가의 말 ● 004

첫 번째 단락
백수광부白首狂夫의 사계四季

백수광부白首狂夫의 겨울 ● 013
어린이집 가는 길 ● 017
꽃의 의미 ● 022
과객론過客論 ● 026
저녁에서 밤사이 ● 031
나는 가짜다 ● 034
길 위에서 길을 묻다 ● 039
나는 독립군이었다 ● 044
감기 ● 049
잡기론雜技論 ● 053

어디 그것뿐이겠는가? • 058
우리는 악마를 보았다 • 062
가을 탓인가? • 066
마음은 언제나 외로운 사냥꾼 • 077
달빛 소나타 • 082
이별 후에 남는 것 • 090
넓고 넓은 바닷가 • 094
귀거래사 歸去來辭 • 098
황제의 방 • 110

두 번째 단락

여의도의 고독

갈대밭의 들고양이 • 117
갈등의 시대 • 122
박제가 되어버린 천재 • 127
스타트 라인에 선 마라토너의 불안 • 132
삶은 그렇게 계속되었다 • 137
언더그라운더(Under-grounder)의 비극 • 142
오만과 품격 • 147
영원한 갑은 없다 • 152
자꾸만 욕이 마려운 세상 • 156
누구에게나 마음속에 강물은 흐른다 • 161
내가 담배를 끊은 이유 • 166

세 번째 단락
나의 노래, 마지막 노래들

자유, 그 위대함의 도전 • 173
 – 〈사로잡힌 영혼〉

예술의 이상을 그리는 그 특별한 경지, 〈금시조〉 • 187

포에틱(Poetic) 필름, 〈홍어〉 • 199

〈그곳에 바람이 있었네〉 • 214
 – 원제: 〈석양꽃〉

열정의 시간들 • 222
 – 원제: 〈10초F〉

그대 고향을 돌아보라 • 228
 – 원제: 〈길은 그리움을 부른다〉

나의 마지막 노래 • 234
 – 원제: 〈새남소리〉

▎문학과 영상의 발전을 위한 제안
나비야 청산 가자, 범나비야 너도 가자 • 244

첫 번째 단락

백수광부白首狂夫의 사계四季

백수광부白首狂夫의 겨울

　　　올겨울은 눈이 많이 내렸다. 자고 나면 발목이 빠
질 만큼 눈이 이틀에 한 번씩 내렸다. 연일 최저 기온을 갱신하면
서 내가 있는 시골은 영하 29도까지 내려갔다. 아침에 커튼을 열
면 유리창에 허옇게 두꺼운 성에가 앉았다. 어둠살이 깔린 박명
속으로 눈雪은 형광처럼 푸른 빛을 뽑아내고 먼 산은 차디찬 은빛
으로 내 눈眼을 찔러 왔다. 갈까마귀 떼가 내려앉은 빈 들판은 황
량했고 허무했다. 바람은 날카로웠다. 길 옆 가로수는 휘파람 소
리를 내며 울고, 바람이 한차례 불 때마다 가지 위에 쌓였던 눈이
안개처럼 흩뿌려졌다. 이 고즈넉한 아침, 아무것도 생각나지 않
는 명징하고 깨끗한 그리고 쓸쓸한 아침을 맞는다. 살아오면서
이런 아침을 얼마나 만났던가? 아무도 없이, 그래 아무도 없이
혼자 이렇듯 죽은 듯이 고요하고 쓸쓸한 아침을 만난 적이 얼마

나 있었던가? 추위에 한껏 몸을 웅크리고 나는 겨울 풍경을 넋을 잃고 바라보곤 했다.

"마음이 공허한 자여, 빈 곳을 보라. 그곳에 길함이 있다.[瞻彼闋子 虛室生白 吉祥止止]"

장자가 그랬다. 무상無相이 실상實相이라는 설법인가? 그런가. 길함이 있을까? 날마다 편지를 기다리고, 전화를 기다리고, 매일 메일을 열어보지만 염량세태가 매양 그렇다.

겨울이 깊어갔다. 벌써 며칠째인지 모른다. 집 안에서도 두꺼운 털옷을 입고 혼자서 책을 읽거나 음악을 듣고 있다. 당초에 이 시골에 올 때는 그리하리라 작정을 하고 왔다. 서울에 있으나 시골에 있으나 매양 그러하거늘 구태여 서울에 있을 이유가 없기에 이리로 옮겨온 것이다. 지인 하나가 그랬다.

"미친 놈[狂夫], 머리는 허옇게 해가지고[白首] 이 무슨 청승이냐? 늘그막에 부부가 서로 등 기대며 서로의 온기로 살아야 하거늘……." 하며 쯧쯧 혀를 찼다.

별다른 희망이 없다는 이야기를 차마 하질 못하고 웃고 말았다. 좋은 물건을 봐도 욕심이 나지 않고, 먹고 싶은 음식도 없다. 욕정도 사랑도, 꿈마저 모두 기화해 버린 내가 비 맞은 새처럼 초라하고 남루하다는 것을 너무 잘 알고 있기 때문이기도 하다. 또 내가 강을 건너고자 할 때 누군가가 "임이시여! 강을 건너지 마오.[公無渡河]" 하고 노래라도 불러주었던들 하고 생각해 본다. 그러나 수십 년을 같이 살아도 생각도 다르고 취향도 다른데……. 같이 있으나 따로 있으나 매양 한가지일 것이다. 강 이쪽 저쪽에서 바라보는 것이 더 아름다울 수도 있을 것이다.

젊었을 때 삶의 중심이었던 그 모든 것들은 어디로 갔는가? 젊었을 때는 세월에 떠밀려 살았지만 나이가 들면서 발버둥치는 듯해 부끄러웠기 때문이기도 하다.

지난 삶을 반추한다. 다시 생각하고 싶지 않은 치부, 건드리고 싶지 않은 영혼의 상처, 아픔. 내가 겪은 수많은 시행착오들을 생각해 본다. 회한만 남는다. 죽어라 뛰어도 제자리인 삶, 한 자리 건너뛰면 또 한 자리가 아득한 멀고도 험난한 여정, 가난해서 혹은 연줄이 없어서 분노하고 절망하면서도 이 악물고 버티어 온 한평생. 나야 그 한을 이기지 못해 한평생을 몸부림치며 떠돌았지만 그게 자식들에게 새로운 한이 되지 않았을까?

우리 아이들만은 되풀이하지 않기를 바라 본다. 우리 아이들만큼은 이런 윤회를 답습하지 말아야 한다고 생각했는데, 동도 트기 전 깜깜한 새벽에 어린 새끼들을 두고 떨어지지 않는 발걸음을 옮기는 자식들을 보면서 이 험한 세상을 저것들이 어찌 헤쳐 나갈지를 생각하면 새삼 아득해진다. 인생은 잡지의 표지처럼 통속하다는 걸 이미 어떤 시인이 읊었다지만 꽃 진 자리의 적막을 누가 세세히 알리오. 내 마음의 강물은 이미 아우성치며 한 굽이를 돌아나간다.

너무 길어 꿈도 토막 나는 겨울 밤, 누구의 손이라도 잡지 않으면 견디기 어려울 때, 나는 벽난로에 불을 피우고 장작 타는 소리, 창을 치고 지나가는 바람 소리, 처마에 고드름 떨어지는 소리, 추녀 밑에서 연신 울어대는 풍경 소리에 귀 기울이며 따뜻한 찻잔

백수광부白首狂夫의 겨울

을 손에 움켜쥐고 작설의 향을 맡으며 그리움을 달랜다. 빈집에 혼자 우두커니 앉아 그렇게 겨울을 난다. 이경을 넘으면 바람도 잦으리라. 눈도 그치고 달도 뜨리라. 겨울 밤이 긴 만큼 생각도 길어진다.

누군가 문을 흔드는지 덜컹거린다. 문을 열어본다. 바람이다. 잠시 뜸했던 눈발이 다시 굵어진다. 막소금을 뿌리듯 벌판에 흰 사선으로 눈발이 내리꽂히고 있다. 길이 보이질 않는다. 세상은 온통 흰 빛이다. 어디가 길이고 어디가 논밭인지 구분이 안 된다. 추위도 잊고 그 광경을 한참을 바라본다. 여기도 없고 저기도 없다. 이것도 없고 저것도 없다. 그래, 이쯤에서 길을 잃는 것도 좋으리라. 설사 이르지 못한들 어떠랴. 어차피 이 말류의 시대에 태어난 미욱한 삶인 걸……. 편안하게, 세상사에 연연하지 말고, 일희일비하지 말고 이쯤에서 외롭게 서자. 적멸寂滅에 들자.

어린이집 가는 길

　　손녀의 어린이집 가는 길은 요란하다.
　아파트를 나서면 먼저 경비 아저씨를 보고 "안녕하세요?" 하고 높은 소프라노로 깍듯이 인사를 한다. 아저씨가 "윤진이구나. 아이고, 착해라." 하며 뛰어나오면 멀거니 보고 있다가 갑자기 "나 잡아 봐라." 하고는 나를 중심으로 뱅글뱅글 돈다. 경비 아저씨가 다소 과장된 몸짓으로 쫓아가면 깔깔거리며 서너 바퀴를 돈다. 아저씨가 손녀를 안고 하늘로 한 번 들어올렸다 내려놓아야 비로소 빠이빠이를 하고 걸음을 옮긴다.
　할아버지, 할머니 손을 양손으로 잡고 하나, 둘, 셋 하면서 공중으로 올라갔다 내려오기를 서너 번 하고 그도 싫증이 날 때쯤이면 갑자기 걸음을 멈추고 팔을 벌리며 빙글빙글 돈다. 그리고는 "할아버지, 할머니도 따라해." 하면서 몇 바퀴 돌다가 "즐겁게 춤을 추다가 그대로 멈춰라." 하며 소리친다. 그 소리와 동시에 나와 아내는 우스꽝스러운 몸짓으로 스톱을 해야 한다. 그런 몸짓으로 스톱하지 않으면 "땡!" 하면서 두 손을 들어 가위표를 한다. 그러면 다시 해야 한다. 자기가 보기에도 우스워야 만족을 한다. 이런 장난을 몇 번 한다. 길 가던 사람들도 박장대소를 한다. 조그만 어린아이의 명에 따라 우스꽝스러운 몸짓으로 스톱모션으로 서 있는 늙은이들을 보고 길 가던 사람들 모두가 쳐다보며 손뼉까지 치면서 재미있어 한다. 제가 보기에도 만족하다 싶으면 "딩동땡!" 하면서 합격 신호를 보내고 가던 길을 간다. 그렇게 몇 자국을 걷다가 갑자기 "앉아!" 하며 달리기 준비 자세를 취한다. 할아버지, 할머니도 나란히 자세를 취하면 "출발!" 하면서 잽싸게 뛰어나간다. 마치 바람개비처럼 가볍게 팔랑이며 뛰어간다. 네 살짜리답지 않게 잽싸게 뛴다. 넘어질까 조마조마하다. 먼저 가면 안 된다. "아이고, 윤진이가 일등이네. 할아버지가 못 따라가겠네." 하면서 뒤에서 힘든 척하면 뒤돌아보면서 "할아버지 힘들어?" 하고 묻는다. "아이고, 힘들어. 할아버지는 윤진이를 못 따라가겠네." 하면 "기다려 줄게." 하면서 서서 기다린다.

그러다 햇볕이 쨍하게 비치는 거리로 나오면 그림자놀이를 한다. 저보다 그림자가 크면 안 된다. 몇 발자국 뒤떨어져 "윤진이가 제일 크네." 하면 뒤돌아보며 싱긋이 웃는다. 어린이집 입구 가까이 가면 이번에는 온갖 간판이란 간판은 다 읽는다. 할아버지, 할머니가 감탄하는 것을 즐긴다.

"우리 윤진이, 최고!" 하면

"뭐, 그 정도는 기본이지!" 하며 으스댄다. 어린이답지 않은 말투에 우리는 다시 박장대소한다.

아침 햇살이 잘게 부서져 내리고 나뭇잎들은 바람에 뒤집히면서 하얀 잎들이 보석처럼 반짝인다. 해님도 빙그레 웃는 것 같은 유쾌한 아침이다.

어린이집 앞에 와서도 벨을 누르고 문 뒤에 숨는다. 선생님이 나와서 "누군가? 누가 왔나?" 하고 두리번거리면 "깍꿍!" 하면서 폴짝 뛰어 쏙 얼굴을 내민다. 그러면 선생님이 과장되게 "윤진이구나. 윤진이가 왔구나." 하며 어린이집 안으로 안아 들인다. 그러면 할아버지, 할머니에게 빠이빠이하면서

"이따 올 때도 할아버지, 할머니 같이 와!" 하고 들어간다.

집으로 돌아오는 길도 평탄치가 않다. 반드시 돈 몇 푼은 가져가야 한다. 오는 길에 마트가 있다. 그 앞을 그냥 지나치는 법이 없다. 마트 앞에 오면 딱 서서 할아버지를 쳐다본다. 내가 시침을 뗀다.

"왜 그래?"

"할아버지, 우리 마트 한번 들어가 볼까?" 그렇게 은근할 수가 없다.

"왜? 뭐하려고?"

그 말에는 대답도 안 하고 씩 웃으면서 당당하게 앞장서 마트로 들어간다. 들어가면 우선 그런다.

"아이고, 시원해." 그러고는 매장 안을 냅다 뛴다. 과자류를 파

는 매대 앞에 딱 서서 할아버지를 기다린다. 내가 숨어 있으면 한참을 기다리다가 할아버지를 찾아 나선다. 이리저리 몇 번을 찾아보다 카운터에 간다. 그리고는

"우리 할아버지 못 봤어요?" 하고 종업원에게 물어본다. 그러면 종업원도 시치미를 딱 떼면서

"몰라. 할아버지, 여기 안 왔는데." 그러면 단번에 울상이 되어 두리번거린다. 그 순간에 내가 얼굴을 내밀면 번개처럼 달려와 내 손을 잡고 과자 매대 앞으로 가, 나를 쳐다본다.

"왜?"

"할아버지! 이거 맛있겠다." 하며 또 나를 쳐다본다. 그 모양이 너무 우스워 웃음을 터뜨리고 만다. 그러면 손녀는 스스럼없이 과자를 꺼내들고 계산대로 간다. 그러고는 종업원에게 과자를 내밀고 또 나를 쳐다본다.

"할아버지, 돈 없는데?" 그러면 내 뒤를 돌아 뒤 포켓을 가리키며 "여기 있잖아." 한다. 종업원도 웃고 나도 웃고 만다.

당당하게 과자를 손에 쥐고 돌아오면 우선 소파에 앉아서 과자를 먹으면서 TV만화를 한동안 감상한다. 그 시간이 그래도 가장 한가한 시간이다. 그러다 싫증이 나면 할아버지, 할머니를 상대로 노래자랑을 한다. 어린이집에서 선생님이 하던 그대로 한다. 먼저 앞으로 나가 탬버린을 찰랑찰랑 치면서

"할아버지! 나오세요." 한다. 나가면, 탬버린을 급하게 흔들면서 "와! 박수!" 한다. 나도, 아내도 박수를 친다.

"노래하세요."

"무슨 노래요?" 그러면 잠시 생각하다가
"꼬부랑 할머니." 한다.
나는 허리를 굽히며 뱅글뱅글 돌면서 "꼬부랑 할머니가 꼬부랑 고갯길을…." 하면서 노래를 한다. 그러면 저도 우스운지 깔깔거리며 웃는다. 그리고는
"딩동땡! 박수. 이번에는 할머니 나오세요."
할머니도 안 나갈 수가 없다.
"무슨 노래 불러요?" 한다. 조금 생각하다가 "따따따." 한다. 그러면 할머니도 주먹을 입에서 붙였다 떼었다 하면서 "따따따, 따따따 주먹손으로, 따따따, 따따따 나팔 붑니다." 하면서 응접실을 한바퀴 돈다. 이런 식으로 한바탕 놀고 나면 이번에는 술래잡기를 한다.
저녁 시간을 그렇게 보내고 아빠, 엄마가 직장에서 돌아오면 저녁을 먹고 동화책을 읽으면서 잠이 든다. 길고 긴 하루가 끝나는 시간이다. 다행인 것은 잠투정이 전혀 없이 아침 8시경까지 내리 잔다는 것이다.
힘에 겨운 하루였지만 그놈만 생각하면 입가에 웃음이 절로 퍼진다.
그놈 덕에 우리는 행복하다.

꽃의 의미

햇살은 눈물나게 좋은데 애기똥풀이 지천으로 깔린 방천 둑에 누워 나는 코피를 흘리고 있었다. 노란 꽃 때문인지 현기증 때문인지는 몰라도 하늘은 노랬다. 세상은 너무 고요했고 육신은 한없는 나락으로 떨어지고 있었다. 언뜻 잠이 들었는지 기절을 했는지 모르지만 내가 잠이 깼을 때는 오슬오슬 추웠다. 등교를 하다가 허기가 져 잠시 앉아 있는다는 것이 한나절이 가 버렸다. 간신히 몸을 추슬러 자췻집으로 다시 돌아와 우물물을 한 바가지 마시고 누웠다. 아스피린을 먹을 때와 같은 미열과 혼돈. 까무러치듯 잤다. 죽음의 잠이 그러하리라. 3개월째 생활비가 오지 않았다. 나는 버려진 아이처럼 고독했다. 토요일엔 하숙하는, 아는 형을 찾아가 빌붙어 밥 한 숟갈 얻어먹고, 일요일엔 시골에서 유학 온 손자 밥해 주러 와 있는 고모 집에 찾아가 염치없이 구걸했다. 그리고 오전에 체육시간이 들어있는 날은 빈 교실에 남아 동급생들의 도시락을 훔쳐 먹었다.(도시락을 엎어 밑바닥에서 두어 숟갈씩 몇 사람의 점심을 걷어 먹었기 때문에 한동안 들키지 않을 수 있었다.)

내가 고등학교에 입학하던 해 나의 보호자인 형은 시골로 발령이 났다. 시골로 내려가면서 형은 우리 형편에 너를 하숙은 물론 자취도 시킬 처지가 못 되니 시골 학교로 전학을 오든지, 아니면 네가 알아서 살든지 택일하라며 매정하게 낙향해 버렸다. 그리고는 생활비를 보내지 않았다. 모두들 들어가고 싶어 하는 명문학교인데 나는 그걸 팽개치고 시골로 갈 생각은 추호도 없었다. 캄캄한 방 안에서 무릎을 끌어안고 '나는 살아야 하는가, 죽어야 하는가.'를 수도 없이 되뇌었다. 17세의 봄은 그렇게 비정했다. 배고픔보다 외로움이 더 서러웠고 일찍 알아버린 허무의 칼날에 생살이 찢기는 아픔을 맛보았다. 결국 나는 여름방학까지 기다리지 못하고 휴학을 하고 낙향했다. 그 바람에 나는 또래들보다 2년이나 늦게 졸업을 했고 그로 인해 당하지 않아도 되는 수모도 당했다. 나는 살아가면서 수많은 절벽을 만났지만 그때의 그 절벽보다 절박하지는 않았다. 아니 오히려 나에게 용기를 주기도 했다. 그때도 견디어 내지 않았는가, 하는. 그렇게 오기傲氣로, 또 마지막이라는 심정으로 도전했다. 라디오 PD에서 텔레비전 PD로 옮겨 올 때도 그랬다. 내가 하고 싶은 일인 만큼 죽을힘을 다해 보자, 그렇게도 안 된다면 스스로 나가자, 그때는 포장마차라도 한다. 난관에 부딪힐 때마다 나는 그 시절의 절망이 생각났고 노랗던 하늘과 꽃과 줄줄 흘러내리던 코피가 생각났다. 아! 그때도 살아 났거늘.

　세월이 흐르고 나도 이제 늙어 봄꽃을 몇 번이나 더 볼 수 있을는지 알 수 없지만 해마다, 해마다 봄꽃은 같을지 몰라도 해마다 그 느낌은 같지 않을 것이다. 매번 새로울 것이다. 그러나 이 봄이 내게 유난한 것은 그때 그 시절처럼 갯가를 따라 노랗게 핀 애기똥풀 때문이리라. 나는 그 풀을 보는 순간 하늘이 노랗게 보였고 현기증이 일었으며 허기진 사람처럼 속이 쓰라려 왔다. 숙부에게 쫓겨 영월로 귀양 온 17세의 단종이 "피눈물 흘러 봄꽃이 붉게 보였듯이(血淚春谷洛花紅)" 그 나이의 나 역시 허기져 봄꽃이 노랗게 보였던가? 여기저기 떠돌며 삶에 지쳐 어디든 배곯지 않고 머물 수 있으면 만족하던 유랑의 시대. 그 시대의 봄이 떠올랐다.

　해질녘 나는 그런 제방을 천천히 걸었다. 이제 막 싹이 돋기 시작한 들판에는 떼 지어 까마귀들이 앉아있었다. 얼음이 녹은 강물은 자애로운 어머니처럼 산자락을 휘돌아 흐르고 유난히 추웠던 겨울 이야기를 하듯 흐느꼈다. 죽음의 자리에서 삶을 생각하고, 삶의 자리에서 죽음을 생각하듯 봄의 자리에서 슬픔이 생각났다. 만남과 이별, 빛과 어둠의 생성소멸이 생각났다.

　냇가 제방에 앉아 꽃을 꺾어 코 가로 가져가 냄새도 맡아보았다. 향기가 없었다. 나는 그 야생화를 들고 한참을 앉아 있었다. 그리고 올해의 짧은 봄을 생각하고 낙화의 허망함을 생각했다. 밝은 햇살과 화려한 꽃송이를 보면서 대부분의 사람들은 거기서 희망을 생각한다. 그러나 눈 밝은 사람은 알리라. 그 짧은 봄의 허무와 낙화의 무상함을. 올봄은 오는가 싶더니 갑자기 한파가 닥치고 눈발까지 휘날렸다. 그 서슬에 꽃들은 잔뜩 몸을 웅크리고 방울을 터뜨리길 거부했다. 봄은 민들레 홀씨가 그렇듯 가볍게 왔다가 순간적으로 가버렸다. 나는 날마다 마당에 나가 벚나무를 올려다보고 진달래도 만져보고 개나리 뿌리를 확인해 보았다. 사과나무는 거의 죽은 듯했고 작년에 겨우 살아나던 대추나무도 얼어 있는 듯했다. 봄이 깊어 갈수록 뜰안을 어슬렁거리며 깃털 같은 봄 햇살을 즐기며 꽃을 기다렸다. 그런 내 기대와는 달리 나는 벚꽃 아래 술 한잔을 마시지 못했다. 3~4일 잠깐 힘없이 꽃 몇 송이를 선보이더니 후두두 떨어지고 말았다. 봄은 그렇게 허망하게 가버리고 말았다. 진달래, 개나리도 예년에 비해 짧게 잠깐 피더니 지고 말았다.

누가 노래하지 않았는가. "그대 보지 못하였던가? 봄은 잠시 왔다가 가는 것을."

소멸하는 꽃의 의미를 생각한다. 꽃이 져야 열매가 맺힌다.[花落豈無實] 꽃이 찬란하면 할수록 열매는 충실하다. 제 한몸 던져 결실을 맺는 꽃 의미는 생의 의미와 크게 다르지 않으리라. 그러나 꽃을 피우지 못하는 씨앗이 있고 열매를 맺지 못하는 꽃도 있으리라.

봄에도 일종의 슬픔이 있다. 꽃의 의미도 그러하리라.

과객론 過客論

　　뜨거운 볕이 내리쬐는 여름날의 권태가 여자를 사랑으로 몰고 간 것일까? 선량하고 착하기만 한 남편의 평범한 일상에 질린 탓일까? 그리고 다 커버린 자식들의 무관심이 그녀를 그런 사랑의 열정으로 몰고 간 것일까? 아니면 오랜만에 찾아온 텅 빈 시간의 한가로움과 아무도 간섭하지 않는 자유롭고 나른한 공간의 자유가 그녀를 달콤한 환상의 세계로 빠져들게 한 것일까? 그도 아니면 예이츠(Yeats)의 시를 외우는 그의 지성과 바람처럼 떠도는 야성이 그녀를 매료시킨 것일까? 그도 저도 아니면 열정적인 키스나 섹스도 없이 습관화 되어버린 부부생활에서 일탈하고자 했을까?

　　남편과 아이들이 집을 비운 4일 동안 여자는 잊지 못할 사랑을 한다. "별을 의지하고 대초원을 나는 두 마리의 고독한 작은 새처럼 그 먼 옛날부터 우리는 서로를 향해 날고 있었다." 남자가 여자에게 보낸 편지다. 그들의 사랑이 결코 우연히 아니라 숙명이라는 거다. 미국에서 천만 부가 팔렸고, 한국에서도 120쇄까지 찍은 로버트 제임스 월러(Robert James Waller)의 베스트셀러 소설 ≪메디슨 카운티의 다리(The Bridge of Medison County)≫의 줄거리다. 클린트 이스트우드(Clint Eastwood)가 주연하고 감독까지 한 영화로 많은 여성들의 심금을 울렸다. 이 소설이나 영화를 본 주부들은 "나도 저런 사랑을 한 번쯤 해 봤으면……." 하고 상상한다. 불륜을 미화했다는 평도 있고 다른 한편으로는 중년 여성의 내재한 사랑의 환상을 아름답게 그렸다는 평가도 있다. 미국에서는 이 소설을 읽은 독자의 40%가 울었다고 한다.

그들의 사랑을 비록 갖은 미사여구로 묘사했다 하더라도 결국 남편은 생활비나 벌어오는 '창밖의 남자'로, 잠이나 자고 떠나는 '과객'으로밖에 그려지지 않았다는 인식과 함께, 여자들에게는 '참사랑'을 할 사람은 따로 있다는 환상을 심어준 '불륜의 다리'라는 평도 있었다. 기실 부부간의 사랑이란 처음 만날 때는 사랑하고 보고 싶어 견딜 수 없었기 때문에 결혼했을 것이다. 그러나 세월이 지나면 부부는 사랑으로 사는 게 아니고 '습관'으로 산다. 부부는 늘 그렇게 물고 빨고 하는 사랑놀이가 중요한 것이 아니라, 먹고 사는 문제가 더 중요하다는 것을 남자들은 인식하지만 여자들의 낭만은 그리 쉽게 포기되지 않는다. 중년기 여성들이 겪는 정체성 혼돈의 문제는 남편이라는 상대의 문제가 아니라 실은 자기 자신의 문제인 것이다. 자식 키우고 남편 뒷바라지에 정신이 없던 어느 날 라디오에서 흘러나오는 옛 노래 한 곡에 정신이 번쩍 들어 '나는 뭔가?' 하고 회의하고 옛날에 만났던 남자친구에게 전화라도 해보고 싶어 한다. 뭔가 잃어버린 것 같고 나만 뒤처진 듯 초라하게 느껴지기도 한다. 이게 외도의 실마리가 될 수 있다. 그러나 이 세상에 완전한 사랑은 없다. 다만 인간이 상상하는 영원한 사랑은 존재할 수도 있다. 그런 사랑의 환상이 이런 소설이나 영화를 열광하게 한다.

영화에서 가장 많은 관객들을 울린 장면은 이 영화의 클라이맥스 부분이다.

남편과 아이들이 돌아왔고 남자는 떠나야 했다. 이틀 후, 비는 쏟아지는데 여자는 슈퍼에서 쇼핑한 봉지를 안고 남편 자동차 옆 좌석에 앉는다. 그때 그녀의 눈에 비친 남자. 비를 맞으며 보고 서 있다. 비를 맞아 찰싹 달라붙은 머리칼이 그를 더욱 초라하고 불쌍하게 만든다. 서로 그렇게 보고 있다. 이윽고 남편이 돌아와 운전석에 앉는다. 그러자 남자가 돌아섰다. 남편은 시동을 걸고 차를 출발시킨다. 교통신호에 막힌 그들 차 앞에 픽업 하나가 서 있다. 신호가 바뀌었는데도 앞차는 출발하지 않는다. 남편이 그랬다. "신호가 바뀌었는데 왜 안 가지?" 앞차는 오래도록 안 가고 서 있다. 여자가 차문을 열려고 문고리에 손가락을 걸고 주저주저한다. 여자는 차문을 열고 그에게 달려갈 것인가? 영화는 여기서 거리 풍경, 여자의 얼굴, 앞차의 모습 등 여러 커트들을 보여준다. 지연遲延을 통한 긴장감을 조성하려는 의도다. 관객들은 침을 삼킨다. 남편이 클랙슨을 울린다. 이윽고 앞차가 떠난다. 비장한

첼로의 선율이 심장을 흔든다. 여자가 운다. 남편이 묻는다. "왜 그래?" "그냥 울고 싶어요." 집으로 돌아온 여자는 집 모퉁이에 혼자 쭈그리고 앉아 소리 없이 운다. 음악이 절정으로 치닫는다. 객석 여기저기서 훌쩍거린다.

　그렇다. 여기까지는 그럴 수 있다고 하자. 살다 보면 잊을 수 없는 사랑도 하고, 가슴 아픈 이별도 할 수 있다. 그러나 여자는 죽으면서 자녀들이 아버지의 묘 옆에 준비한 자리를 마다하고 남자의 뼈가 뿌려진 '로즈 먼' 다리에 자신의 뼈를 뿌려줄 것을 당부한다. 결국 저승까지 가져가겠다는 것이다. 그녀에게 남편은 그야말로 철저한 '과객'이었던 것이다.

　우리네 인생도 크게 다를 바 없다. 남편이 그런대로 돈도 벌고 행세깨나 할 때는 고개 숙이고 다소곳하게 처신하던 아내가 남편이 힘 빠지고 돈 못 벌어올 때가 되면 갑자기 소리가 커진다. 텔레비전에서 얻어들은 잡식에 가까운 지식들을 마치 대단한 진리인 양 떠들며 남편의 무식을 흉보고 이웃집 남자들은 왜 그리 또 착한지, 청소는 물론 세탁기까지 돌려주며 아내를 위한다는데, 하루 세끼 꼬박꼬박 챙겨 먹으면서 마누라 힘들게 한다고 천하에 둘도 없는 야만인 취급을 한다. 내가 당한 설움만큼 너도 당해보란 듯, 한풀이하듯 산다.

　젊었을 때 일하느라고 자식들 제대로 챙기지 못한 탓에 무슨 논쟁거리라도 생기면 대부분의 경우, 자식들은 엄마 편을 든다. 한창 열정적으로 일했던 시기에 무심코 했던 소소한 행위들이 상대에게 상처로 남았다면 그 또한 반성해야겠지만 이해하려 들면

이해 못할 것도 없는데 까탈을 부리니 억울하다. 소외감이 들 때가 한두 번이 아니다. 그래서 나이가 들면 남자는 안으로 잦아들고 여자는 밖으로 나돈다. 남자가 늙어지면 굳이 세상사 알려고 들지 않지만 여자는 시시콜콜 주워 담는다. 그래서 남자는 점점 말이 없어지고 무식(?)해지지만 여자는 하루가 다르게 유식(?)해지고 다변多辯해진다. 물론 그렇지 않은 여자들도 있다. 힘과 패기가 넘치던 남자가 어느새 늙어 의기소침해지는 것을 애처로워하며 등 두드려 용기를 불어넣고 오히려 젊었을 때보다 더 남편을 위하며 활기 있게 사는 현명한 여자들이 없는 건 아니다. 그나저나 우리네 남자들은 이제 주객이 아니고 '과객'에 불과하다는 것은 자명해졌다.

물론 남자도 잊지 못할 사랑을 할 수도 있다. 그러나 대부분의 남자는 돌아온다. 지켜야 할 것들이 있기 때문이다. 그러나 집 떠난 로라는 돌아오지 않는다. 백 년을 혼자 살 수는 있지만 함께 살기란 어렵다.

늙기도 서러운데 '과객' 취급에 더욱 마음이 상한다.

저녁에서 밤사이

올여름에는 비가 참 많이 왔다. 최장 장마를 기록했다. 내가 사는 집 앞, 감자밭은 온통 물이 들어차 썩어나갔고 둑은 무너져 길을 덮고 갈 길을 불편하게 했다. 줄기차게 몇 시간씩 퍼붓다 문득 비가 그치면서 무슨 구원처럼 햇살이 퍼져 나갔다. 길 위의 빗물들이 안개로 피어올라 들판을 뒤덮고 나무들은 비릿한 냄새를 풍겼다. 시꺼먼 구름들은 산 너머로 빠르게 밀려가고 구름 사이로 태양이 언뜻언뜻 비치면서 천지창조의 그날처럼 형형색색의 그림을 그리며 장엄한 여름의 노을을 만들어 내곤 했다. 뒷산의 뻐꾸기는 구슬프게 울었지만 분명 소리는 있는데 아무 소리도 들리지 않는 적막이라는 생각이 들곤 했다.

낮과 밤사이의 이런 시간, 이런 시간에는 일종의 슬픔이 있다고 롤랑 바르트(Roland Barthes)가 그랬다. 낮의 밝은 햇살과 밤의 은밀한 어둠 사이에 끼인 오후는 반쯤 죽은 중간적인 시간이다. 분명 이런 오후에는 거역할 수 없는 우수가 있다. 일종의 소멸이 가져오는 비애일 것이다. 늙은 어머니의 눈빛, 꺼져가는 촛불, 휘날리는 만장, 수평선 위로 한 점처럼 사라져 가는 나룻배. 이런 사라지는 것들에 감당할 수 없는 슬픔이 있듯이.

그가 오기로 했는데 산사태로 고속도로가 막혀 못 온다는 연락이 왔다. 그가 올 것에 대비해 준비해 놓은 몇 가지 음식들을 도로 냉장고에 넣으면서 이것도 일종의 그리움인가? 하고 반문해 본다. 고향에 돌아와도 성에 차지 않는 외로움이 있고, 그리운 이가 곁에 있어도 그리움이 이는 시간이 이런 해질녘일 것이다. 쉽게 말하면 맥빠지는 일인데 묘한 슬픔이 몰려온다. 절실하게 기다린 사람도 아닌 그냥 평범한 방문인데도……. 그러나 기다려 본 사람은 알리라. 길에는 사람의 자취조차 없고 어스름 어둠은 밀려오는데 기다림의 절실함, 아는 사람은 알 것이다. 그도 아니면 비 갠 후의 노을이 너무 고와서일까? 쓸쓸해 보이기까지 했다.

그새 어스름이 깔리고 건너편 마을의 불빛이 살아오면서 밤새 깃 치는 소리가 들려왔다. 나는 목이 마른 듯 〈쇼팽의 피아노 협주곡 1번〉을 틀었다. 막 2악장이 시작되는데 시커먼 먹구름이 몰려오면서 비가 다시 쏟아졌다. 빗소리가 배음으로 깔리면서 음악은 짙은 애상哀想으로 다가왔다. 술이 마려웠다.

제법 밤이 깊어 방으로 들어왔다. 그런데 빗소리가 계속 심장을 파고들었다. 외로운가? 사람을 외롭게 하는 것은 비단 빗소리만이 아닐 것이다. 가을 퇴창 아래 귀뚜라미 우는 소리, 한겨울

삭풍에 떨고 있는 나뭇가지와 멀리서 들려오는 다듬이 소리, 이런 등등의 소리들에는 가슴 저미는 외로움이 있다. 그러함에도 왕유^{王維}처럼 우중^{雨中}에 산과^{山果} 떨어지는 소리를 들을 수 있는 마음*은 또 얼마나 맑아야 그리할 수 있을까. 맑게 살았던가? 어려서 공부에 열중하지 못해 말류^{末流}를 벗어나지 못했고, 커서는 재주가 부족하여 세상에 족적을 남기지 못했다. 매문^{賣文}하여 벌이가 안 되니 이런저런 구실로 헛소리나 하고 다니는 내 처지가 불쌍했다. 발버둥쳤지만 그 자리가 그 자리다. 왔다왔다 그 자리요^[至至發處] 갔다갔다 떠난 그 자리다.^[行行本處] 나는 대취했다. 사랑도 사랑을 준비한 사람에게만 찾아오듯이 술도 그렇다. 소멸의 비애^{悲哀} 때문이리라. "인생은 빈 술잔, 주단을 깔지 않은 층계" 빈센트 밀레이^(Vincent Millay)의 시를 중얼거리며 잠이 들었다.

추야독좌^{秋夜獨坐}

왕유^{王維}

홀로 앉아 있노라니 늙어감이 서럽도다.^(獨坐悲雙鬢)
빈 방에 이경이 되고^(空堂欲二更)
우중에 산과일 떨어지는구나^(雨中山果落)
등잔 아래 벌레가 운다.^(燈下草蟲鳴)
………

나는 가짜다

나는 젊었을 때 제법 많은 레코드를 갖고 있었는데 거의가 복사판이었다. 진품은 해리 베라폰테(Herry Belafonte)의 〈카네기홀 공연실황〉 음반과 빌헤름 박하우스(Wilhelm Backhaus)의 〈베토벤 피아노 협주곡 5번〉 등 몇 곡에 지나지 않았다. 그러면서 나는 '너희들이 음악을 아느냐.'면서 약간 뻐기고 다니며 이런저런 자리에 음악 이야기가 나오면 꽤 알은척을 했다. 오디오도 비싼 돈을 주고 구입할 형편이 못 돼 방송국 엔지니어에게 부탁해 세운상가에서 부품을 구입해 조립해 들었다. 테니스가 유행하던 시절, 나는 라켓부터 샀다. 그리고 서예를 배우기도 전에 벼루부터 장만했다.

이런 나의 천성을 두고 아내는 폼부터 잡는다고 흉을 봤다. 그런데 나는 1970년대 중반부터 매달 10만 원 정도의 책을 샀다.

지금은 별 돈 아닐지 모르지만 당시에도 결코 적은 돈은 아니었다. 그로 인해 아내와 많이 다투기도 했다. 문학잡지 2권 정도는 정기 구독을 했고, 지금도 보관하고 있는 ≪세계사상대전집≫ 50권짜리도 월부로 샀다. 당시 빠듯한 살림에 무리가 가는 건 사실이었다. 아내는 읽지도 않는 책을 산다며, '선비도 아니면서 선비인 척하고, 학자도 아니면서 학자인 척하는 못 말리는 '폼생폼사'라고 비난했고, 이사할 때마다 책 좀 버리자고, 읽지도 않는 책들을 왜 끌고 다녀야 하느냐며 지청구를 주었다. 사이비似而非라는 이야기이고 가짜라는 말이다. 나는 '진짜 같은 가짜'도 있고 '가짜 같은 진짜'도 있는 거라며 책은 당장 읽으려고 사는 게 아니고 언젠가는 쓸데가 있는 거라며 기어이 끌고 다녔다. 그런데 느지막하게 그런 책들을 바탕으로 이런저런 책도 내고 대학 강의도 나가고 하니까 요즘은 별 말이 없다. 내가 시골로 내려가겠다고 했을 때도 아내는 "허름한 잡문이나 쓰는 주제에 마치 대단한 작가인 양 폼 잡으며 하얀 모시적삼 입고 부채 들고 헛기침하며 거드름 피우려고 가려는 거지? 안 봐도 비디오야!" 하며 몹시 못마땅한 듯 비아냥거렸고, "노벨문학상만 못 받아봐라. 머리를 다 뜯어 버릴 거야(필자는 대머리다)." 하며 으르르 딱딱거렸다.

 확실히 나는 폼 잡는 버릇이 있는 모양이다. 시골로 이사 가서는 내가 간직하고 있었던, 평소 좋아하는 그림 몇 점을 표구해 걸어 놓았다. 진품이 몇 점 있긴 하지만 대개가 영인본이다. 오원吾園 장승업의 〈호취도豪鷲圖〉, 석파石破 대원군의 〈묵난墨蘭〉, 추사가 "압수 이동以東에 이런 그림은 절무絕無" 하다고 칭찬한 소치小痴 허유의 그림 등등이다. 나는 그들 그림을 볼 때마다 무릎을 친다. 오원의 〈호취도〉에서는 그의 불우한 환경에서도 결코 주눅 들지 않는 호방한 기개를, 양광(佯狂)의 파격(破格)에도 석파의 난은 오히려 고아(高雅)하다. 중국 작가 자유푸[賈又福]의 그림 〈무제無題〉에서는 우리네 인생을 본다. 깊은 산중, 해는 산중턱에 걸렸는데 한 남자가 무거운 짐을 지고 산을 내려온다. 명암을 극명하게 대비시켜 화면 전체를 차지한 검은 산과 그 하단에 무거운 짐을 진 한 남자를 배치한 이 기이한 구도는 가슴을 서늘하게 한다. 비는 오는데 아무도 찾아오는 이 없이 적막할 때나, 바람 불어 그리운 이가 못 견디게 보고 싶을 때 나는 그 그림 앞에 서서 한참을 쳐다본다. '그렇구나. 우리네 삶이란 결국 해질녘에 감당할 수 없는 무거운 짐을 지고 산을 내려오는 거구나. 나 혼자만 그런 것이 아니구나.' 하면서 위안을 받는다. 오원의 그림에서도 나의 불우한 젊은 시절과 비교하면서 그의 호방함을 배우고, 석파의 난에서는 절망 속에서도 지혜롭게 품격을 유지한 그의 인내를 배운다.

    나는 그림을 그림 그 자체로 본다. 그것이 '진품이냐, 아니냐.'로 판단하지 않는다. 복사판으로 음악을 들었다 해서 그 음악이 폄하되거나 손상되지 않듯이 그림 역시 그 안에 담겨진 뜻이 격조가 있으면 그만이지, 그것이 영인본이라 해서 그런 뜻이 왜곡되지는 않는다는 말이다. 그래서 나는 이른바 세인들의 입에 오르내리는 그림이나 수십억을 호가하는 그림에 대해서 그다지 동의하지 않는 편이다. 로이 리히텐슈타인(Roy Lichtenstein)의 〈행복한 눈물(Happy tears)〉이라는 그림이 세간의 화제가 된 일이 있다. 재벌가의 부인들이 운영하는 이름 있는 화랑에서 그런 유의 그림들을 탈세나 치부의 목적으로 사 두었다고 해서 구설수에 올랐고 수십억을 호가하는 그림값에 모두들 말을 잃었다. 그런 그림들이 값이 나갈지는 모르지만 나의 무식한 감상법으로 보면 그 가치에 회의한다. 그러나 나는 피카소나 뭉크, 그리고 고흐의 몇몇 그림에서는 다른 서양화와는 다른 무언가 가슴을 치는 메타포가 있다고 느낀다. 그림이라고 해서 반드시 아름답다거나 뜻이 그럴듯해야 한다는 것은 아니다. 피카소의 그림을 본 한 관객이 그에게 물었다. "도대체 무슨 뜻인지, 뭐가 아름다운 건지 모르겠습니다." 그가 대답했다. "새 울음 소리는 아름답습니까." "그렇죠." "거기에 무슨 뜻이 있는가요?" "글쎄요." "새소리가 아무 의미 없이 아름답듯이 그림도 그렇게 보면 됩니다." 해석하지 말고 느끼는 대로 보라는 것이다. 의미는 그림에 있는 것이 아니고 감상자의 가슴에 존재한다는 말이다.

나의 시골집을 방문한 한 지인이 오원의 그림을 보고 물었다.

"이거 진짜가?"

"진짜면 수십억은 될걸. 영인본이다."

그는 실망스러운 표정으로 "가짜구나." 하고 낮게 중얼거렸다. 나는 그에게 그랬다.

"손가락을 보지 말고 달을 봐라."

그는 아무 대꾸도 안 했다. 그러나 그의 태도로 보아 가짜 그림을 걸어놓은 나를 '가짜'로 보는 듯했다.

나는 속으로 되뇌었다.

"그래 나는 폼만 잡는 '가짜'다. 나를 '가짜'라고 비웃는 그대는 '진짜'인가?"

갈대 구멍으로 하늘을 봐라. 하늘이 갈대 구멍만 하게 보인다.

길 위에서 길을 묻다

고열에 들떠 밤새 신음하는 어머니. 벽을 사이에 두고 전등을 나누어 쓰는 옆방 신혼부부의 비릿한 감창 소리. 그해 여름방학, 나는 밤마다 귀를 막고 밤을 새웠다. 뜨거운 햇볕으로 달아오른 함석지붕으로 하여 방안은 한증막이었고 나는 땀을 삐질삐질 흘리며 낮잠을 잤다. 눈을 뜨면 여름햇살은 마당에 팽팽하게 내리꽂히고, 수챗구멍 옆 채송화도 가냘픈 목을 늘어뜨리며 죽어가고 있었다. 아! 이 길고 긴 여름을 어찌 보낼까. 할 일이 없었다. 형네는 어머니와 나를 객식구 취급했다. 나보다 15세 연상이고 아버지 없는 집안의 가장인 형은 내가 고2 초봄, 나에게 대학을 보내 줄 수가 없으니 네가 알아서 하라며 냉정하게 선언했다. '어디론가 가고 싶다. 어디론가 떠나고 싶다.'를 수도 없이 중얼거리며 절망하고 있었다.

그러다 중학교에 다닐 때 우리가 셋방 살던 동갑내기 주인집 아들이 나를 찾아왔다. 무전여행 갈 의사가 없느냐고, 약간의 경비는 자기가 마련할 테니 쌀만 준비하면 된다고. 나는 흔쾌히 승낙했다. 나는 어머니에게 쌀 좀 마련해 달라고 부탁했다. 어머니는 아득한 눈으로 나를 쳐다봤다. 나에게는 이미 자살미수 경력이 있기에 어머니가 무엇을 말하려는지 안다. "걱정 마세요. 나 혼자 가는 게 아닙니다."

떠나는 날, 어머니는 내 손을 꼭 잡고 내 눈을 뚫어지게 쳐다보며 말했다.

"건강하게 돌아와야 한다. 건강하게!" 어머니의 눈은 축축했다. 돌아서는데 안개가 앞을 가려 세상이 뿌옇게 보였다.

우리는 포항을 거쳐 동해안을 따라가기로 일정을 잡았다. 날씨는 지독하게 뜨거웠다. 낯선 산모퉁이를 돌아 끝도 없이 뻗어있는 백양목 가로수 끝 소실점에서는 아지랑이 같은 뜨거운 열기가 꿈처럼, 환상처럼 가물거렸다. 가끔 가다 지나가는 차량이 일으키는 매캐한 먼지의 내음과 굉음 이외는 세상에 아무 소리도, 아무것도 움직이는 것은 없었다. 바람 한 점 없었다. 귀청이 찢어지게 지독히 울어대는 매미 소리마저도 이미 소리가 아니었다. 세상은 온통 적막이었다. 그 적막 속으로 우리는 하나의 점처럼, 고행하듯 묵묵히 걸었다. 한나절도 못 가 우리의 얼굴은 벌겋게 달아 홍시처럼 익었다. 첫날 우리는 예정의 반도 못 가 어느 산골짜기 계곡에서 여장을 풀었다. 텐트를 치고 고추장 하나로 밥을 비벼먹고 하늘을 보고 누웠다. 하늘에는 은하수가 마치 소금을 뿌린 듯 깔려 있었다. 그 역시 아버지 없이 홀어미 밑에서 자랐고, 학교마저도 공업계 학교 진학으로 더 이상 공부할 수 없는 처지였기에 나와 같은 열병을 앓고 있었다. 우리는 우리 힘으로는 어쩔 수 없는 불안한 미래를 이야기했다. 어떻게 살아야 하는가? 아무런 결론도 없이 그저 올려다본 하늘에는 달이 뜨고 있었다. 그 붉은 달이 왜 그리 슬픈지. 눈물을 훔치고 그를 보니 그도 울고 있었다.

그렇게 울진에 도착했다. 그때 우리는 이미 거지가 되어 있었다. 바닷가에 텐트를 칠 작정으로 거리를 걷고 있는데 약간 불량기가 있는 청년 하나가 우리에게 다가와 말을 걸었다. 그때 우리들은 비록 거지 꼴을 하고 있었지만 교모만은 쓰고 다녔는데 그 청년은 내가 다니는 학교를 졸업한 선배라면서 고생한다며 우리를 식당으로 데리고 가 밥을 사 주었다. 며칠 만에 맛보는 진수성찬이라 우리는 허겁지겁 배가 터지도록 먹었다. 감사하다며 일어서는데 어디서 잘 거냐고 물었다. 바닷가에 텐트를 칠 작정이라고 했는데 그가 기어이 우리를 끌고 여관으로 데리고 갔다. 그리고 선불을 요구하는 주인에게 으름장 놓듯 대거리하며 내일 아침에 주겠다면서 우리에게 잘 자라며 가버렸다. 불안하기 짝이 없었다. 이튿날 우리는 새벽에 탈출하기로 모의했다. 잠들면 안 된다고 서로 다짐을 했지만 피차 자신이 없었다. 그러나 그날 저녁 우리는 배탈이 나 버렸다. 30분 간격으로 교대로 화장실을 들락거리던 우리는 동트기도 전에 여관을 나와 버렸다. 대부분의 무전여행족들이 강릉 쪽으로 길을 잡는 데 비해 우리는 불영사 쪽으로 길을 잡았다. 붙잡혀서는 안 된다는 생각에서였다. 판단은 옳았지만 산은 높았고 길은 험했다. 물은 휘모리장단으로 우쭐거리며 흘러가고 산속에 점점이 박힌 산간마을은 인적 하나 없이 낮닭만 한가롭게 울었다. 우리는 불영계곡 맑은 물에 밥을 지어 먹고, 벌거벗고 물에 뛰어들어 한동안 놀다가 다시 길을 걸었다. 계곡의 물은 유난히 파랬다. 그가 그랬다. 이런 물에 빠져 죽으면 억울하지 않을 것 같다면서 히죽 웃었다.

불영사에 도착했을 때 비가 왔다. 부슬부슬 내리던 비가 점차 굵어지더니 절에 도착했을 때는 내리퍼붓고 있었다. 우리는 쫓기듯 절 안으로 들어섰다. 부처님 그림자가 비친다는 연못은 굵은 빗줄기로 그 모습이 보이지 않았다. 절 안은 대낮인데도 인기척 하나 없었다. 아, 그러고 보니 비구니 선원이구나. 어디 말 붙일 곳조차 찾기 어려웠다. 우리는 비를 피하여 대웅전 처마 밑 돌계단에 앉아 떨리는 몸을 주체하지 못하고 한껏 웅크리고 두 팔로 다리를 단단히 감싸 안았다. 그리고는 턱을 괴고 절 마당에 내리꽂히는 빗줄기를 처연하게 내려다보았다. 날은 어둑어둑해지고 처마 끝에 매달린 풍경이 연신 울어댔다. 황량하고 우울했다.

한참 후에 내가 물었다. "무슨 생각을 하지?" 그가 그랬다. "생각은 무슨……. 그저 이렇게 있는 거지. 너는?" "그냥 이대로라면…… 중이 되어도 좋겠다는 생각이 든다." 그리고 둘은 별 말 없이 또 한동안 그렇게 있었다. 참을 수 없이 배가 고파 오고 이가 딱딱 마주칠 정도로 추워졌을 때 나는 과감하게 선방을 찾아갔다. 나이가 지긋해 보이는 여승 하나가 우리를 쳐다보더니 쯧쯧 혀를 차며 밥 한술을 내 주었다. 허겁지겁 먹은 우리는 염치없게도 경내에서 텐트를 치면 안 되느냐고 물었다. 경내에서는 안 되고 산문 밖에 나가면 그런대로 비를 피할 수 있는 장소가 있을 거라고 했다. 우리는 빗소리를 들으며 불영사 입구에서 하룻밤을 잤다. 나중에 안 사실이지만 그날 그 비에 오대산 월정사 계곡에서 캠핑하던 고대생들이 급류에 휩쓸려 수명이 죽었다. 부처님의 은덕으로 산 것일까.

우리는 승무원들과 몇날 며칠을 수많은 숨바꼭질을 하며 영주를 거쳐 서울로, 그리고 다시 대구로 돌아왔다. 대구역 광장에서 헤어지면서 그가 낮고 우울한 목소리로 그랬다. "이제 어디로 가지?" 길 위에서 길을 물었다. 내가 그랬다. "어디로 가겠다고 가지는 건 아니잖아. 그냥 가보자. 그 끝이 어딘지는 모르지만……."

내가 군대를 제대하고 그 친구를 찾아갔을 때 그의 누나가 울면서 내게 전했다. 월남 가서 전사했다고. 순간, 나는 총알이 빗발치는 그 광란의 전장에서 세상을 비웃듯 시니컬한 웃음을 띠며 자폭하듯 몸을 던지는 그의 환영을 보았다.

불우한 청춘의 한때였다.

나는 독립군이었다

1961년 KBS-TV를 개국할 당시엔 숙련된 전문 제작 인력이 거의 없었기 때문에 영화계나 연극계의 인물들을 주로 영입했다. 처음에는 프로그램도 많지 않아 그런대로 꾸려나갈 수 있었지만 자리가 잡히면서 제작 인원이 절대적으로 부족했고, 이 부족 인력들을 채우는 과정에서 관계 요로의 이런저런 연줄로 들어온 사람들이 많았다. 그러나 그들 모두 임시직이었다. 그것은 KBS가 문공부의 한 국局에 소속되어 있기 때문에 정식 직원이 되려면 공무원 시험을 거쳐야 했다. 당시 공무원 시험은 학력 제한은 없었지만 국어, 국사, 영어, 헌법, 형사소송법 등등 10여 과목이 되었다. 나는 1971년에 들어갔는데 그때까지도 PD들은 거의 다 임시직이었다. 나는 비록 신입사원이었지만 정규직으로, 그들의 시샘을 많이 받았다. 그러다 1973년에 한국방송공사로 되면서 모두 정규직으로 전환되었다. 이 과정에서 경력도 참작되었지만 누가 더 힘센 사람이 뒷배를 봐주느냐에 따라 호봉의 높낮음이 결정되었다. 동시에 공사 1기생期生들이 들어옴으로써 공사 이전의 직원들, 즉 '기원전(BC)' 사람들과 공사 후 입사한 '기원후(AD)' 그룹으로 나누어졌다. 기원전 직원들은 이미 10여 년간 터득한 제작 노하우로 수성守成에 나섰고, 기생期生 직원들은 연줄로 들어온 실력 없는 사람들이라고 공사 이전前 직원들을 폄하했다. 나는 1971년에 입사한 정규직이었지만 공사 1기생들과는 다른 별종이었다. 어디에도 소속이 못 되는 어정쩡한 처지가 되었다. 말하자면 일종의 독립군이었다.

내가 라디오 PD에서 TV PD로 옮겨간 것이 1978년경이었고, 라디오 PD에서 TV PD로 옮겨간 최초의 PD도 나였다. 무슨 연극이나 영화 같은 분야에 종사한 일도, 연극영화학을 공부한 것도 아닌, 생면부지의 사람이 그 분야에 뛰어든다는 것은 거의 무모한 일에 가까웠다. 그러나 나는 그때 라디오라는 매체에 절망하고 있었다. TV에 밀려 변방 매체라는 한계도 있었지만 라디오의 효용성은 점점 희박해져 가고 있었고 아침저녁으로 실시간 교통정보나 듣지 다른 분야는 거의 청취자가 없었다. 그건 그렇다 치더라도 제작과정이 생산자(producer)로서 전혀 주체적이지 못한 것이 나를 못 견디게 했다. 작가가 원고를 써주면, 대개 한 번 훑어보고 담당 성우나 아나운서에게 넘기면 별다른 연출 플랜이 없어도 엔지니어가 녹음해 주었다. 듣는 사람이 없으니 좋아도 누가 칭찬해 주는 사람도 없고, 나빠도 누가 뭐라 할 사람이 없었다. 무슨 희망이 있는 것도, 창의적인 희열이 있는 것도 아니었다. 관심 밖의 매체이다 보니 비상식적인 일들이 많이 일어나기도 했다. 그런 것들이 나를 괴롭혔다.

나는 TV로 옮겨가기로 결심을 하고 담당국장을 찾아가 사정을 했다. 그러나 기생(寄生) TV PD들이 반대했다. 이미 라디오에서 제법 위치를 차지한 나는 호봉도 높고 나이도 조연출로 시작하기에는 너무 많다 보니 못마땅해 했다. 무엇보다도 내가 들어감으로써 자기들의 연출 데뷔가 늦어질 것을 가장 우려했다. 나는 맹세했다, 전입 순서대로 데뷔하겠다고. 그런 우여곡절을 거쳐 간신히 TV에 진입했다.

당시 TV PD들은 라디오 PD들을 얕잡아보는 경향이 있었다. 그런저런 이유로 나에게는 우군이 없었다. 당시 난 최고참 선배이면서도 성질이 고약해 모두들 기피하는 선배 PD의 조연출을 맡았다. 그 선배는 무엇을 어떻게 하라는 지시도 없이 대본 한 권 던져주면 끝이었다. 연출이라는 업무는 누가 가르쳐 주고 배우고 하는 그런 성격의 일이 아니다. 어깨너머로 배우는, 말하자면 도제식(徒弟式)이다. 아무도 가르쳐 주지 않을뿐더러 또 설령 가르쳐준다 해도 그게 정답인 것도 아니다. 아니 정답이 없는 분야다. 연출하는 사람에 따라 방법이 다 다르다. 나는 연출자의 꽁무니를 한시도 놓치지 않고 따라다녔다. 연출이 밤을 새우면 나도 함께 밤을 새우고(연출자들은 콘티를 짜기 위해 사무실이나 여관에서 밤을 새우는 일이 많았다.), 밤늦게까지 술 사 줘 가면서 궁금한 것들을 이것저것 물었다. 진행비가 부족하면 내 돈으로 메워가면서 연출을 보필했다. 그러다 보니 월급을 집으로 제대로 가져가기 어려웠다. 보통 조연출들은 행정 업무 등의 자신의 업무가 따로 있었기 때문에 연출자 곁에서 연출 노하우를 배우기가 그리 쉽지 않았다. 나는 그런 업무는 연출자가 집으로 돌아간 다음, 사무실에 혼자 남아 처리했다. 날밤을 새우는 일이 비일비재했다. 그런 부지런을 떤 덕분에, 나는 남들은 5년씩 하는 조연출을 3년 만에 마감하고 연출로 데뷔했고, 데뷔 1년 만에 KBS의 대표 프로인 'TV문학관'을, 3년 만에 '대하드라마'를 연출했다. 나는 두 사람의 선배를 거쳤지만 그들은 연극과 영화 쪽에서 일한 경력은 있었지만 이론이 거의 없는 오로지 현장 연출자들이었다. 그러나 공허한 이론에 근거한 학구적인 연출이 아니라 현장에서 배운, 살아있는 연출기법이 내게는 상당한 도움이 되었다. 나는 그렇게 어깨너머로 본 바는 있었지만 배운 바는 없었다. 본 것도 배운 것이라면 할 말이 없겠지만 체계적으로 배운 바가 없다는 말이다. 거의 독학 수준이었다.

나는 'TV문학관'을 가장 많이 연출한 연출자였다. 젊은 시절부터 문학에 남다른 관심을 가졌기 때문에 소재를 못 찾아 쩔쩔 맨 일은 거의 없었다. 항상 2~3작품 정도는 머릿속에 정리되어 있었기 때문이다. 또 그런 일은 나로 하여금 수많은 소설 작품들을 스스로 찾아 읽게 하였다. 이런 연출 과정에서의 무차별적인 독서가 나름대로 오늘날의 나를 있게 한 것이라는 생각이 들었고, 나의 문체도 결국 그때 완성된 것이 아닌가 생각된다. 퇴직을 앞둔 어느 날, 나는 신변정리를 하다 젊은 시절에 썼던 시나 소설들을 발견하였고, 이 글들을 다시 한 번 읽어보고는 한심한 내 글에 낙담했다. 다시 한 번 써보자. 심각하고 긴 것보다 가벼운 수필부터 시작해 보자. 그렇게 해서 나는 이순耳順을 앞둔 나이에 등단을 했다. 그런데 많은 사람들이 어디서 배웠느냐고 물었다. 알고 보니 등단 작가들 대부분이 무슨 '문학교실'이나 '문화센터' 같은 데서 3~4년씩 배운 사람들이었다. 나는 스승도 없이, 누구에게 배운 바도 없이 작가가 된 셈이다. 글이 안 풀릴 때나 문단의 생소한 풍토에 실망할 때도 의논할 친한 문우文友 하나 없다. 또 한 번 독립군이 되고 말았다.

그러나 이제 나도 한 가지는 제대로 배우려고 작정을 하고 있다. 서예다. 이 나이에 무슨 일가一家를 이루겠다는 것은 아니고, 지방紙榜이나마 제대로 써볼 작정으로 배운다. 수년 전에 배우려 했다가 시간 내기가 어려워 포기했는데 그때 선생이 내 처지를 헤아려 그랬겠지만, 길 영永자 한 자 써주고 바로 체본을 써주어 체계적으로 배울 수가 없었다. 그런데 이번에 나가는 서예교실 선생은 작대기 긋기를 몇 주씩 연습시키는 등 기본부터 가르치는 것 같아 생애 처음으로 배운 바 있는 인생이 될 것 같고, 독립군을 면할 것 같다. 백락伯樂을 만났으니 천리마가 될 수 있을까?

감기

산은 그윽하고 하늘은 아득했다. 꽃은 시들고 낙엽은 마당을 덮었다. 공기는 벌써 쌉쌀한 기운을 품었다. 가을이 성큼 다가왔다. 아침마다 낙엽을 쓸고 태우며 그 따뜻한 불길에 손을 비비면서 '이효석'처럼 멋을 부려본다. 그새 감기가 들었나? 코가 맹맹하고 머리가 띵했다. 집필실이 있는 시골은 집 앞뒤로 제법 넓은 농수로가 마을을 휘감고 돌아나가서인지 아침마다 안개가 들판을 뒤덮고 축축한 는개가 내리곤 했다. 낙엽 태우는 매캐한 냄새와 안개가 뒤얽혀 마을과 들판은 막막하고 비릿했다. 언제나 11시쯤 되어서야 안개를 뚫고 햇살이 부챗살처럼 퍼졌다. 그러면 온 들판은 아련하고 몽환적인 풍경이 만들어지곤 했다. 보일 듯하면서도 보이지 않고, 안 보이는 듯하면서도 언뜻언뜻 보였다.

그 모호함을 뚫고 인적 하나 없는 들판 저쪽 산모퉁이를 돌아 어디론가 버스 한 대가 느릿느릿 간다. 그런 광경을 보고 있노라면 나도 어디론가 가고 싶어진다. 일생을 끊임없이 떠돌아다닌 나는 퇴직하면 꼼짝 않고 책이나 읽으면서 지낼 결심을 했는데 가을이라서인지 혼자 바닷가 어디쯤 가서 '파도야 어쩌란 말이냐.' 하며 소주잔이라도 기울이고 싶어진다.

나는 서재에 앉아 그런 풍경들을 내다보며 가망 없는 희망사항에 불과한 생각을 하면서 종일 음악을 듣고 책을 읽으며 소일한다. 어둑어둑해지면 마당에 나가 잔디에 물도 주고, 시든 꽃들도 살펴보고 씨앗도 받는다. 가끔 허리를 펴고 물끄러미 먼 산을 바라다보기도 한다. 대체로 저녁에는 노을이 아름답게 번진다. 그 노을 속으로 새들은 둥지를 찾아들고 여치와 귀뚜라미도 짧은 세월을 울어댄다. 가을이 길지 않을 것이니 그들의 생도 짧으리라. 어스름 속에 국화는 유난히 노란 빛을 발하는데 구절초는 벌써 고개를 숙인다. 국화꽃 향기를 맡아본다. 바이올린의 G현이 들리는 듯하다. 순간 갑자기 귀가 멍해지면서 세상이 고요해진다. 내 귀가 막힌 것인가? 세상이 고요해진 걸까? 코를 쥐고 입을 다물며 숨을 내쉬어보지만 귀가 뚫리지 않는다. 그것도 괜찮은 세상일 것이다. 들어야만 아는 것도 아니고 보아야만 깨달아지는 것도 아니리라. 허정虛靜인가? 비움의 극치에 이르면[致虛極] 고요함에 이른다[守靜篤]고. 노자가 그랬다.

한참을 계단에 그렇게 앉아 있었다. 달이 뜨고 제법 서늘한 바람이 불었다. 나무가 흔들렸고 마당에 깔린 낙엽들이 우르르 한

쪽으로 밀려갔다. 아니지. 이런 경지는 아니지. 야보冶父선사처럼 "대나무 그림자 뜨락을 비질하고 있어도 먼지 하나 일지 않고[竹影掃階塵不動], 달빛이 물밑에 닿고 있건만 물결 하나 일지 않는,[月穿潭底水無痕]" 그런, 그런 풍경을 볼 수 있는 마음의 눈이 있어야 비로소 비웠다고 할 수 있을 것이다. 아직도 내 속에 속俗이 있는 거다. 어딘들 달이 없겠으며 어딘들 대나무가 없겠느냐만, 마음이 없으면 그 모두가 허사다. 고개를 숙이는데 쏴 하며 세상 소리가 비로소 들린다. 순간 찡하면서 머리가 울리고 고약한 기운이 전신을 훑는다. 코는 뚫렸는데 목이 칼칼해진다. 역시 감기다. 나는 얼른 집안으로 들어왔다. 벽난로에 불을 피우고 보일러를 올리고 잠시 몸을 추스른 후 화장실로 가 세수를 하는데 부르르 한기가 들면서 소름이 돋는다. 거울 속의 나는 창백하다. 매일 보는 얼굴이건만 왜 그리 생소한가. 퀭한 눈, 톡 튀어나온 광대뼈, 다 벗겨진 머리. 삶의 상처같이 깊이 파인 주름, 화가들이 왜 자화상을 그리는지 알겠다. 자신의 모습으로 하여 타인들에게 교훈을 주려는 것이 아닐까 하는 생각이 든다.

  저녁이라도 한술 떠야 감기를 추스를 텐데 하면서 찬밥을 데워 한술 뜨려는데 술 생각이 났다. '술 마시면 안 되는데…….' 하면서 술 한 잔 하고 푹 자면 낫겠지 하며 한 잔, 한 잔 마신 것이 한 병을 비워버렸다. 소파에 앉아 TV라도 볼 참인데 무심코 내다본 바깥에는 달은 쩌지게 밝고 바람은 여전했으며 잎은 하염없이 지고 있었다. 아! 무어라 가을은 이렇게 다시 찾아와 나를 흔드는가. 햇볕 아래서는 가만히 있을 수 있어도 달빛 아래서는 그럴 수가 없다. 죄 없는 계절을 탓하고 달빛을 핑계 삼아 나는 맥주를 따라 들고 데크(deck)로 나갔다. 이렇게 외로울 때 누군가가 내게 따뜻하게 다가와 줄 사람 하나 없다는 것이 또 다른 외로움으로 느껴져 술을 재촉한다. 세상을 등진 듯 한적한 곳에 혼자 들어와 비속非俗인 척하지만 아직은 속기를 버리지 못한 속된 놈에 지나지 않는다고 자책한다.

12시가 훨씬 넘어 잠자리에 들었다. 잠시 눈을 붙였다 싶었는데 기침이 나오기 시작하더니 걷잡을 수 없이 쏟아져 나왔다. 덩달아 가래가 목에 붙어 넘어가지도, 뱉어지지도 않았고 팔다리도 쑤셔왔다.

밤새 기침을 해 목젖이 부어 따끔거렸다. 아침 일찍 집을 나섰다. 간밤에 무서리가 내렸는지 들판은 허옇고 황량한 벌판에는 까마귀 떼가 시끄럽게 울어댔다.

서울 집에서 나는 며칠을 두고 혹독하게 앓았다.

잡기론 雜技論

　잡기는 시대에 따라 변한다. 한때 고스톱은 국민오락의 으뜸이었다. 모였다 하면 하는 놀이였고 심지어 해외여행 가서도 이륙시간을 기다리며 공항 바닥에 퍼더앉아 고스톱을 쳤다. 뜻있는 사람들은 국제망신이라고 떠들었지만 그 기세는 수그러질 줄 몰랐다. 방송국이라 해서 예외는 아니었다.

　자가용이 귀했던 1980년대까지만 해도 드라마 야외촬영 때는 버스 하나에 연기자와 스태프들이 다 함께 타고 이동을 했다. 장거리 이동인 경우에 어김없이 등장하는 것이 고스톱이었다. 버스 뒤쪽에 전을 펴고 목적지까지 줄기차게 즐긴다. 그 3~4시간 동안 출장비를 다 털리는 경우도 있다. 이 경우 털린 돈을 만회하기 위해 밤 촬영이 없는 경우 등 틈만 나면 판을 벌인다. 그 짓으로 밤을 새우는 경우도 비일비재했다. 여기에 연출자가 끼어들면 판은 아주 당당해진다. 그러다 보니 탤런트들은 대사를 외우거나 연기 플랜을 연구하는 것은 뒷전이고, 연출자도 콘티를 고민해야 할 시간에 연기자와 어울려 그 짓을 하고 있으니 그 작품의 질이 어떠하리라는 것은 불을 보듯 뻔하며 연출의 권위가 먹혀들 리가 없다. 그런 연출자들이 성공한 예는 거의 없었다.

나는 마치 군대 점호를 하듯 밤 10시쯤이면 방마다 순찰을 돌며 고스톱 치는 연기자들을 야단쳐 잠을 재우곤 했다. 나는 우선 그런 놀이 자체를 못한다. 어렵게 자라 그런 놀이를 배울 여유가 없었다. 그래서 우리 가족들이 명절이나 무슨 모임이 있을 때 모이면 살아가는 이야기나 몇 마디 하고 헤어진다. 재미가 없다. 아내는 명절 때마다 윷놀이라도 하자고 하지만 별로 동의하는 기색이 없다.

그리고 젊을 때 많이 한 놀이로 당구가 있었다. 우리가 고등학교 다닐 때 학생들은 당구장 출입을 못하게 했지만 대부분의 또래들은 몰래몰래 다니면서 공을 쳤다. 지금도 우리 친구들 대부분은 모이기만 하면 당구시합을 한다. 경조사에 모이면 떼로 몰려가 패를 갈라 시합을 한다. 1970년대 놀이로 테니스가 있었다. 소설가 강신재의 〈젊은 느티나무〉의 영향도 있었겠지만 하얀 유니폼을 차려입고 새벽마다 공을 치는 선남선녀의 모습은 그렇게 신선하고 풋풋해 보일 수가 없었다. 그 자체로 이미 부르주아가 된 듯, 모든 사람들의 부러움을 샀다. 그리고 그 경쾌하고 날렵한 공 치는 소리가 '탱' 하고 새벽공기를 가르고 들리면 입가에 싱그러운 웃음이 번지면서 인생이 절로 아름다워지는 듯했다. 한 시대의 로망이었다.

그러다 바둑으로, 그리고 1980년대 후반을 전후하여 골프로 옮겨왔다. 이는 국민소득과 무관하지 않은, 즉 돈이 있어야 하는 스포츠이긴 하지만 이 놀이로 해서 구설수에 오른 사람들이 적지 않다. 국가가 비상상태인데도 불구하고 골프를 치다가 자리에서 물러난 고위 공직자 등, 골프는 부자들 혹은 권력 있고 힘 있는 사람들이 하는 운동이라는 인식이 강해 대체로 부정적이다. 그러함에도 불구하고 골프인구는 나날이 늘어나고 있다. 이것은 선진국으로 진입하는 사회에서의 당연한 인식 변화라 할 수 있다. 그러나 아직도 우리 사회에서 이 운동은 눈치 있게 즐겨야 장수할 수 있다.

나는 고스톱도, 당구도, 바둑, 테니스도 못했지만 골프만은 했다. 한때 직장생활이 힘겨울 때가 있었다. 작품도 남들 못지않게 만들었고 어려운 승진시험에도 당당하게 합격했지만 나보다 3~4년 늦은 사람들에게 추월당하기 일쑤였다. 한국 사회에서의 학벌과 연줄이 얼마나 중요한지를 안 후 나는 거의 절망상태에 빠져 있었다. 나와 비슷한 동료들이 나보다 먼저 승진하여 아침마다 간부회의에 참석하면 나는 일찍 출근해도 할 일이 없었다. 나는 아예 늦게 출근하기로 결심을 하고 새벽마다 골프 연습장에 나가 운동을 했다.

그 이후 필드에 나가면서 싱글도 하고 홀인원도 하고 시합 같은 데 나가 상도 타오곤 했다. 당시 골프는 견딜 수 없는 삶의 수모와 절망에서 나를 견디게 하는 힘이 되어 주었다. 그후 승진도 하고 국장이 되었을 때도 업무에 지장을 주지 않은 범위 내에서, 접대 냄새가 나는 모임에는 나가지 않았고, 돈 내기도 자제했다. 그런 절제가 통했는지 나는 골프로 해서 구설수에 오른 일은 없었다.

  한 후배가 있었다. 그는 골프에 빠져들면서 근무시간에도 몰래 빠져나가 공을 쳤다. 토요일에 근무할 때도 그는 아침에 얼굴만 내밀고 곧장 골프장으로 직행했다. 당시엔 골프가 붐을 일으키고 있을 때인 만큼 감시의 눈초리도 그만큼 많았다. 나는 그에게 경고했다. 근무시간에 공 치러 가지 말라고. 그는 내 말을 무시했다. 윗선에서 그의 행동이 문제가 되었고, 곧 그의 통장에 수상한 돈이 흘러든 것이 포착되었다. 그는 공을 치면서 제법 많은 돈을 걸고 내기를 했고, 그렇게 딴 돈이나 빌려 준 돈들이 그의 통장으로 흘러듦으로 인해 그가 탤런트들이나 작가들로부터 돈을 받았다는 의심을 받았던 것이다. 실제로 한 작가로부터 제법 많은 돈이 그의 통장으로 입금된 것이 밝혀졌다. 그는 빌려준 돈을 받은 것이라고 궁색한 변명을 했지만 그런 경우, 대부분이 그런 식의 해명을 한다는 것을 사람들은 너무나 잘 알고 있었다. 당시 그의 형이 정부 요직에 있었고, 방송국 고위직에 있던 그의 고교 선배 한 사람이 적극적으로 나서 그를 구해 주었다. 사람들은 연줄의 위력을 실감했고, 그렇지 못한 사람들 일부는 자괴감에 빠지기도 했다. 그러나 그는 작품다운 작품 하나 만들지 못하고 조기 퇴직했다.

속설에 이런 말이 있다. 누워서 즐기는 것 중에 최고는 섹스고, 앉아서 하는 것 중에 가장 흥미로운 것은 고스톱이고, 서서 하는 운동 중에 가장 재미있는 것은 골프라고. 그러나 섹스도 정도를 지키지 않으면 폐가하고, 고스톱도 판돈이 크면 도박이 되며, 골프도 분별없이 돌아치면 망신당한다.

골프가 스포츠이긴 하지만 일반인들에게는 여가로, 생활의 활력소로 작용하기도 한다. 그러나 무엇이든 적당히 즐겨야 한다. 스포츠나 여가놀이가 잡기가 되면 사람은 황폐해진다. 본질은 잊지 말아야 한다.

어디 그것뿐이겠는가?

"울음 우는 아이는 우리를 슬프게 한다."

안톤 슈낙(Anton Schinack)의 〈우리를 슬프게 하는 것들〉의 첫 문장이다. 나는 학창 시절에 이 글을 무척 좋아했다. 아니 나뿐만 아니고 그 시절 모든 젊은이들이 다 좋아했던 글 중의 하나다. 그런데 나는 왜 울음 우는 아이가 우리를 슬프게 하는지, 그 많은 슬픔 중에서도 유독 아이의 울음이 문장의 첫머리에 올라올 만큼 슬픈 것인가에 대해 동의하질 않았다.

그러나 많은 세월이 지난 지금 나는 비로소 그 말을 이해하게 되었다. 늙어서 눈물이 많아져서인지 혹은 마음이 약해져서인지는 알 수 없지만 우는 아이를 보고 있노라면 저절로 눈물이 난다. 맑고 투명한 아이의 두 눈에 수정 같은 눈물이 뚝뚝 떨어질 때면 "저건 진짜 슬픔이다. 저 슬픔에는 가식이 없다. 저거야말로 지극

한 순수다."라는 생각이 든다.

나는 일생을 드라마 연출로 보냈다. 한 편의 드라마에는 '반드시'라고 할 만큼 심금을 울리는 대목이 있기 마련이다. 그러나 나는 비교적 냉정하게 처리하려 했다. 그런데 나이가 들수록 그런 부분에 악센트를 주는 경향이 나타났다. 콘티(연출 대본)를 짜면서도 나는 울면서 작업하는 경우가 더러 있었는데 이 경우 드라마는 대개 성공한다. 단지 천박하면 품격이 떨어진다. 속울음을 짚어내고 격조 있는 슬픔을 만들어 내려고 노력했다.

그런데 이제는 조금만 슬픈 프로만 봐도 눈물이 나온다. 우리 시대를 어렵게 살아가는 사람들의 삶을 다룬 〈동행同行〉이라는 다큐멘터리 프로가 있다. 아내가 가출을 하고 세 아이를 혼자서 키우며 어렵게 살아가는 한 남자의 이야기를 다룬 적이 있었다. 남자는 일용 노동자로 하루하루를 어렵게 벌어먹고 산다. 어느 날 지방으로 일거리를 찾아 나서면서 아이들을 보육원에 맡겨야만 했다. 네 살배기 막내가 그 말을 듣는 순간 두 눈에 수정 같은 눈물을 뚝뚝 흘리면서 무릎을 꿇고 아빠에게 손을 싹싹 비비며 애원을 했다.

"아빠, 잘못했어요! 다시는 안 그럴게요. 이제부터 아빠 말 잘 들을게요. 정말 말 잘 들을게요. 네."

그런 아이들을 물끄러미 지켜보던 아빠는 와락 세 자매를 끌어안았다. 통곡이었다. 몸 깊은 곳에서 터져 나온 듯, 짐승 같은 울음을 뱉어냈다. 한 덩어리가 되어 울었다. 앞 울음이 뒤 울음을 끌어냈다. 자기 설움이었으리라. 한참을 그렇게 울던 아이들 중

첫째가 먼저 울음을 그치고 그랬다.

"아빠, …… 울, 울지 마. …… 우, 우리가 잘못했어. 응, 아빠 울지 마. 내 동생들 잘 돌보고 아빠 기다릴게. 응."

그런 첫째를 물끄러미 지켜보던 아빠는 다시 벽에 머리를 박고 숨을 죽이고 흑흑거리며 깊이 울었다. 아이들도 그런 아빠의 등 뒤에 매달려 하염없이 또 울었다. 나는 아빠의 눈물보다 아이들의 눈물이 더 서러워 보였다.

아! 그렇구나. 울음 우는 아이는 우리를 슬프게 하는구나. 처지를 생각하고 형편을 헤아려 울어지는 울음이 아니라 가슴 저 깊은 곳에 자리한 근원적인 서러움이 복받쳐 올라오는 본질적인 울음이구나. 왜 울음 우는 아이가 슬픈지를 알았다. 생의 깊이를 실감했다. 한참을 그러던 아빠는 간신히 울음을 추스르고 우는 아이들의 눈물을 하나하나 닦아주면서 그랬다.

"너희들이 잘못한 건 없다. 아빠가 잘못해서, 잘못해서 그렇다. …… 불, 불쌍한 것들."

그러고는 다시 아이들을 끌어안고 천장을 올려다보며 눈물만 흘렸다.

나는 그 프로를 보면서 하염없이 낙루했다.

아빠와 떨어지지 않으려고 무엇을 잘못했는지도 모르면서도 무조건 울면서 잘못했다고 비는 그 아이들의 눈물은, 순수 그 자체다. 결국 아빠와 떨어지기 싫어 발버둥치는 아이들을 보육원에 맡겨두고 남자는 떠났다.

늙으면서 눈물이 많아졌다.

아들 부부는 맞벌이다. 아침에 일어나 아빠, 엄마가 없으면 손녀는 아빠, 엄마를 찾으며 운다. 그야말로 수정 같은 눈물을 뚝뚝 흘리며 서럽게, 서럽게 운다.

"아빠, 엄마 보고 싶어!" 하면서.

너무 안쓰러워 아이를 꼭 끌어안는다. 한 마리의 작은 새 같은 가냘픈 박동을 느끼면서 내 눈에도 눈물이 맺힌다.

그러나 다른 견해도 있다. 의학적으로 남자는 늙으면 여성호르몬이 많아지면서 눈물이 많아지고 나약해지고, 반대로 여자는 남성호르몬이 많아지면서 대담해지고 남성화된다고 한다.

생의 깊이를 좀 더 안 건지, 아니면 생리학적으로 그럴 수밖에 없는 건지 나로서는 알 수 없는 일이지만, 아이의 눈물을 보면 견딜 수가 없다. 그래서 나는 손녀의 요구를 다 들어준다. 과자를 사 달라면 사주고, 아이스크림을 사 달라면 사준다. 버릇이 나빠진다고 아들은 나무라지만 나는 막무가내다. 할아버지가 되어가고 있다.

어디 그것뿐이겠는가? 세월이 머리에 허옇게 내려앉은 아내가 입을 조금 벌리고 코를 골며 자는 모습도 눈물겹다. 사랑이 미치지 못하는 연민이 아려온다. 마음이 종잇장처럼 얇아진다.

이래저래 늙어가면서 눈물도 많아지고 연민도 많아진다.

우리는 악마를 보았다

나는 《콩쥐 팥쥐》나 《장화홍련전》 같은 이 야기가 동화인 줄로만 알았다. 나쁜 짓을 하면 안 된다는 교훈을 주려는 이야기인 줄만 알았다. 그런데 그게 아니었다. 겨우 여덟 살 아이를 늦게 귀가했다는 이유로 계모는 허벅지뼈가 부러지도록 차고, 말을 듣지 않는다는 이유로, 피부에 급탕 물을 수포가 일어날 때까지 뿌렸다고 했다. 그리고 소풍만은 보내달라고 울며 애원하는 그 어린아이를 16개의 갈비뼈가 부러지도록 때려, 부러진 갈비뼈가 폐를 찔렀고 멍 자국을 삭히기 위해 아이를 뜨거운 욕조에서 밀어넣어 호흡곤란과 피하출혈로 숨지게 했다고 했다. 4세 때부터 그렇게 당했다니까 그 아이에게 계모는 공포의 대상이었을 것이다. 그럼에도 불구하고 소풍만은 보내달라고 애원하는 그 아이는 얼마나 소풍이 가고 싶었을까. 아니 얼마나 외로웠기에 그리했을까. 계모에게 얻어맞고 그 아이는 혼자 방에서 울었을 것이다. 아파서도 그랬을 것이며 외로워서도 울었을 것이다. 또 낳아 준 엄마를 부르며 서럽게, 서럽게 이불을 뒤집어쓰고 울었을 것이다. 갈비뼈가 부러진 채로 뜨거운 욕조에 앉아서도 아이는 그랬을 것이다. 깨어나지 말자고, 그래서 더 이상 매 맞지 않고 살 수 있는 나라로 가고 싶다고 기원했을 것이다.

하지만 평소 아이는 명랑했다고 한다. 그런 내색을 전혀 하지 않았다고 한다. 소설 ≪25시≫의 마지막 장면처럼 계모는 아이에게 "웃어라, 웃어라."라고 윽박질렀을 것이다. 여우같이 교활하고 뱀같이 차가운 여자다.

나는 이 기사를 읽는 순간, 후드득 한줄기 빗발이 가슴속으로 쏟아져 들어오는 것 같았다. "어떻게 그럴 수가…." 다음 말이, 말이 되지 않은 채 마음 저 깊은 곳에서 치밀고 올라왔다. 한창 재롱부리며 엄마, 아빠의 사랑을 받으며 구김살 없이 자라야 할 여덟 살의 어린아이가 제발 소풍만은 보내달라며 손바닥을 싹싹 비비며 울고 애원하는 장면이, 그 지독한 아픔을 감추며 웃어야 하는 아이의 슬픈 얼굴이 떠올랐기 때문이다. 아니 나에게도 그런 트라우마(trauma)가 있었기 때문인지도 모른다.

나는 초등학교 때 딱 한 번 소풍을 갔다. 김밥도 귀했던 시절, 그냥 맨밥에 무말랭이 도시락을 싸주는데 부끄럽고 창피해서 안 가겠다고 버텼다. 그런 나를 물끄러미 쳐다보던 어머니는 내 손을 잡고 집 앞 가게에 가서 거의 애원하다시피 통사정해 사이다 한 병을 외상으로 사 주면서 가라고 한 일이 있었다. 나는 그때 어머니의 표정을 잊지 못한다. 연민과 애원을 담은 눈에는 금세 눈물이 떨어질 것 같았다. 내가 만약 싫다고 투정을 부린다면 어머니는 나를 붙잡고 한바탕 통곡이라도 할 것 같았다. 나는 말없이 돌아서 가다 뒤를 돌아보니 어머니는 행주치마를 눈가에 가져가 눈물을 훔치고 있었다. 이렇게 초라하게 소풍 가는 나보다 어머니가 더 불쌍해 보였다. 그 뒤로 나는 소풍이라는 말 자체를 꺼내지 않았다. 중·고등 6년 동안 모두 세 번의 수학여행을 갔는데 나는 한 번도 가질 못했다. 수학여행을 못 가도 학교에는 나가야 했다. 전교에서 나 혼자뿐이었다. 다른 학년 선생님이 자습을 시켜놓고 나가버렸다.

햇볕이 따뜻한 창가에 앉아 졸았다. 그러다 문득 눈을 떴다. 고요했다. 마치 진공관 속에 들어앉은 듯 아무 소리도 들리지 않았다. 그리고 여기가 어딘지, 내가 왜 여기 이렇게 앉아 있는지 분간이 잘 안 되었다. 그러나 곧, 이내 여기가 교실이고 친구들은 모두 수학여행 떠났다는 것을 깨달았다. 아무도 없는 운동장에 하얗게 내리꽂히던 햇살을 한동안 내다보는데 갑자기 눈시울이 뜨거워졌다. 햇살의 눈부심 때문인지 아니면 가슴 밑바닥에 자리 잡은 설움 때문인지 알 수는 없었지만 뜨거운 것이 목구멍을 치밀며 올라왔다. 아니 그보다 그 정적, 내 곁에 그 누구도 없다는 외로움이 더 나를 슬프게 했다. 돈이 없어 못 갔다는 그런 수치가 아니라 혼자만 떨어져야 하는 견딜 수 없는 외로움이 전신을 떨게 했다. 한기 같은 그 외로움을 막아내기 위해 이를 악물었지만 기어이 눈물이 맺혀왔다. 참으려고, 흘리지 않으려고 고개를 들어 하늘을 올려다보는데 아! 두 눈에 가득 들어오는 푸른 하늘, 잔인하도록 맑고 푸른 하늘. 나는 끝내 책상 위에 얼굴을 묻고 흐느꼈다. 마음이 추슬러지지 않았다. 고등학교 때는 등교를 작파하고 시내를 무작정 돌아다녔다.

나는 그런 또래들과 떨어져야 하는 외로움을 안다. 아니 그런 서러움을 안다. 아이 역시 본능적으로 그런 외로움을 떨쳐버리고 싶었을 것이다. 그래서 그렇게 박대를 받으면서도 소풍만은 보내달라고 했을 것이다. 그런 여린 어린아이를 발로 차고 화상을 입히고 갈비뼈를 부러뜨리고……. 이건 미필적 고의未畢的 故意에 의한 살인행위다. 울며 애원하는 그 가냘픈 여자아이의 눈방울만이라도 제대로 한번 쳐다보았더라면, 눈곱만큼이라도 측은지심이 있었더라면 그런 짓을 차마 할 수는 없었을 것이다. 아이의 아버지 역시 묵시적 살인 방조자다. 조금만 유심히 살폈다면 아이의 처지를 능히 헤아릴 수 있었을 것이다. 무관심도 일종의 죄악이다. 그러함에도 그들 부부는 의도적으로 이를 외면함으로써 한 생명을 죽였다. 우리는 어디 가서 귀를 씻을 정한 물을 찾는단 말인가. 디오게네스(Diogenes)처럼 대낮에 등불을 들고 '참 인간'을 찾아야 할지도 모른다. 그 어떤 명분이든 애정이 없는 모든 행위는 죄악이다. 그 여자가 자기가 낳은 자식이 아니라 해서, 동거는 하지만 자기 핏줄이 아니라고 해서 그리하였다면, 그리하여 증오심만으로 아이를 그렇게 잔인하게 학대했다면 그녀는 악마다.

우리는 악마를 보았다.

법이여! 제발 그 여자를 용서하지 마소서.

가을 탓인가?

　　　　하늘은 눈물이 날 만큼 투명했다.
　태풍 '산바'가 지나간 며칠 후부터 그랬다. 아침마다 안개는 자욱이 산허리를 감아 피어오르고 나무들은 비릿한 냄새를 풍겼다. 마당에 서서 앞산을 바라보며 새벽안개를 마시노라면 몸속으로 차고 비린 축축한 가을 냄새가 들어왔다. 뒷산에서 살찐 산꿩이 구슬프게 울고, 짧은 생애를 슬퍼하듯 매미는 자지러진다. 마당 위에 부서지는 햇볕은 쨍한데 여름날의 서슬은 어느덧 식은 듯 공기는 오히려 서늘하다.
　어떤 소리도 들리지 않는다. 바늘 하나 떨어지는 소리에도 땅이 울릴 것 같은 고요다. 아니 잠자리의 날갯짓, 풀밭을 뛰는 개구리, 영그는 이삭 위를 노니는 메뚜기의 몸짓, 하늘을 유유히 나는 백로의 선회. 소리 아닌 것이 없고 듣고자 하면 들리겠지만 그냥 적요다. 나는 이 가을의 적요를 감당하기가 녹록지 않다. 벌써 며칠째인지 모른다, 툇마루에 앉아 하늘을 바라보고 있기가. 이럴 때 손녀에게 전화라도 오면 좋을 걸……. 높고 맑은 목소리로 '할아버지!' 하고 곧 부를 것 같은 환상에 빠진다. 손녀를 못 본 지 벌써 일주일째다. 보고 싶다고 울지는 않을까. 그러면 핑계 삼아 서울로 갈 텐데. 사람의 연치가 70즈음이면 조석 끼니로 사는 게 아니고 바람과 햇빛과 객담으로 산다는데 손녀와의 시답잖은 객담이 그리워진다.

어스름 녘에 홀로 걷는다. 참나무와 잣나무가 지천인 뒷산을 오른다. 나무와 나무가 서로 의지해 몸 비비는 소리가 사각사각 들린다. 살아 부딪는 소리다. 생명의 소리다. 나무들도 때로는 부딪치면서 때로는 껴안으면서 우렁우렁 커가는구나. 생명이 있는 모든 것들의 삶과 생성이 대개는 그러하리라. 쏴 하고 바람이 인다. 나무들은 잎을 떨어뜨리며 부르르 몸을 떤다. 곧 겨울이 오리라. 나무들은 어깨를 움츠리고 몸을 감추고 가진 것들을 되도록 다 떨어내고 겨울을 준비할 것이다. 나무의 인내가 눈물겹다.

들녘이 나온다. 햇빛 가득한 가을이 거기 있었다. 하늘은 투명하고 맑다. 인적 하나 없는 외길 위에 저녁 햇살이 드리워져 있다. 나는 서늘한 가을의 기운을 깊이 들이켜며 천천히 걸었다. 이런 산길에서도 우리는 문득 우울을 만난다. 단풍이 곱게 물든 산기슭을 혼자서 외롭게 걸어가야 할 때, 이렇게 들판 한가운데 길이 있고 행인 하나 없는 적막을 만날 때, 귀가 멍해지면서 까닭 모르게 서러워진다.

　논두렁을 적시는 물소리가 맑다 못해 시리다. 밑바닥의 조각돌까지 훤히 보인다. 몇 마리의 미꾸라지들이 헤엄치고 다닌다. 물이 맑으면 조약돌까지 보이지만 흐려지면 아무것도 보이지 않는다. 맑아지면 부처고 흐려지면 중생이라 했다. 가을은 부처인가? 내 눈에 그렇게 보이면 내가 부처인가? 사바와 정토는 한 발자국 나아가느냐 물러가느냐에 있다고 하지 않는가. 내 마음에 부처를 만들자. 어슬렁거리며 천천히 걷는다. 마을이 나온다. 느티나무가 나오고 정자 밑에 촌로 서너 명이 앉아 한가롭게 이야기를 나누고 있다. 끝머리에 엉덩이를 걸치고 앉았다.

　"어디 사시오?"

　"요 넘어 새로 생긴 황토마을요."

　"서울에서 오셨구려."

　"예."

　"살 만하시오?"

　"좋은데요."

　"다행입니다."

　농사 걱정, 자식 걱정 등의 이야기가 이어진다. 어디 가나 살이는 비슷하다.

　달이 능선 위로 올라 집안 가득히 스며들었다. 베란다에 나앉아 달을 쳐다보았다.

　　　외진 곳에 초가집을 지으니(結廬在人境)

찾아오는 이 없구나(而無車馬喧)
......
동쪽 울타리에서 국화꽃 꺾어들고(采菊東籬下)
유연히 남산을 본다(悠然見南山)

도연명의 시를 읊조리다 나는 무릎을 쳤다.
이 시의 제목이 왜 '음주飮酒'인지를 비로소 알 것 같았다.
이태백처럼 달을 마주하고 도연명처럼 술을 마셨다. 여항에서 일희일비하며 근근이 살아온 내가, 굽힘 없는 기개를 뽐내던 그런 옛 분들의 기상을 닮을 수는 없겠지만, 흉내야 못 낼 것도 없지 않은가. 죽림에서 맑은 물과 놀며 한가로이 귀나 씻으며 살고자 했지만 속기俗氣가 덜 빠져서인지 아직까지는 외롭다.
바람은 서늘하고 별은 총총했다. 바람에 흔들리는 나뭇잎 위로 달빛이 일렁거렸다. 뱀이 풀숲을 스치며 지나가는가? 벌레들의 울음이 뚝 그쳤다. 다시 잔을 들어 술잔을 드는데 문득 잔을 잡은 손이 눈에 들어온다. 손마디 여기저기에 톡 불거져 나온 굵은 힘줄들이 어지럽고 주름 잡힌 손등에 저승꽃이 여럿이다.
그렇다. 그나마 조금 있던 머리털도 다 빠져 이제는 구제불능이고, 툭하면 무얼 빠뜨리고 다닌다. 책을 읽어도 잊어버리기 일쑤고, 산 책 또 사기 일쑤다. 휴대전화를 어디에 두었는지 몰라 당황하기가 한두 번이 아니다. 바람 부는 날은 어머니가 보고 싶어진다. 삶도 사랑도 영원할 수야 없겠지만 여름날 한잠 낮잠 잔 것처럼 사라져 버렸다. 빈들의 허수아비처럼 허무하다.
가을 탓인가?

| 촌평 |

인생의 가을이라는 화두
- 장기오의 〈가을 탓인가〉

송명희(문학평론가)

1. 중세의 가을, 인생의 가을

오래전에 한 역사학자의 방에서 '중세의 가을'이라는 제목의 책을 본 적이 있다. 나는 그것이 문학 책인가 하고 방의 주인에게 물었던 기억이 떠오른다. 이 책을 쓴 저자는 우리에게 ≪호모 루덴스≫(1938)라는 책으로 훨씬 더 잘 알려진 네덜란드 문화사학자 요한 호이징가이다.

그는 놀이야말로 인간이 가진 고유한 특성이며, 문명을 창조하는 중요한 덕목 중의 하나라고 주장한다. 모든 문화현상의 기원을 그는 놀이 속에서 찾고자 했고, 실생활 밖에 존재하는 무목적이고 자유로운 놀이 속에서 비로소 문화가 발달했다는 논리를 폈다. 그는 인간을 '호모 루덴스(homo ludens)'라고 명명했는데, 이 개념은 호모 파베르(homo faber), 즉 노동하는 인간과 대척점에 놓인다. 호모 루덴스는 이솝 우화 식으로 표현하자면 〈개미와 베짱이〉에 비교할 수 있을 것이다.

≪중세의 가을≫(1919)은 호이징가의 첫 번째 저서이다. 14~15세기에 해당하는 서양의 중세는 르네상스 시대와 비교되어 단절되고 어두운 시기로 규정된다. 하지만 이러한 규정은 중세인 스스로가 내린 것이 아니었다. 르네상스기의 사람들은 자신들과 이전 시대를 분류하고 구분짓고자 하는 열망에서 중세를 암흑기로 불렀던 것이다. 하지만 호이징가는 르네상스의 발판이 된 중세가 그렇게 어둡기만 한 시기가 아니었다는 것을 문학과 예술 등을 통해서 그 특유의 문학적 필치로 증명해 내고 있다.

장기오의 〈가을 탓인가?〉을 읽으면서 나는 왜 엉뚱하게 ≪중세의 가을≫이라는 책을 떠올렸던 것일까? 이 글은 노년의 인생을 관조한 글이기 때문이다.

노년은 흔히 '인생의 가을'로 비유되어 왔다. 성숙과 풍요라는 의미보다는 박탈의 시기, 상실의 시기라는 부정적 의미가 내포된 은유다. 노년세대가 스스로 그렇게 부른 것이 아니라 사회적으로 그렇게 규정한 것이다. 마치 르네상스인들이 중세를 암흑기로 규정지었던 것처럼…….

프랑스의 실존주의 페미니스트 시몬 드 보부아르도 그의 저서 ≪노년≫에서 오늘날 추락한 노년의 지위는 노인 그 자신에 의해서가 아니라 사회적으로 결정되어진 것이라고 했다.

우리나라는 2000년에 65세 이상의 노인인구가 7.2%를 차지하는 고령화 사회에 접어들었다. 그리고 2018년이 되기 전에 노인인구가 14%를 넘어서는 고령화 사회가 될 것으로 예상하고 있다. 올

초 기획재정부는 노인의 연령기준을 70세나 75세로 높이는 방안을 발표했다. 청년층의 노인부담을 줄이기 위해서라는 것이다. 최근 발표된 또 하나의 뉴스는 우리나라 노인의 일하는 비율이 OECD국가 중에서 가장 높다는 것이었다. 연금을 받지 못한 노년층이 생계비를 벌기 위한 황혼노동을 이어가고 있다는 뜻이리라. 이래저래 노년은 저물어가는 가을날 저녁 무렵처럼 서글프기 짝이 없다.

2. 가을, 그리고 늙음

계절은 봄, 여름, 가을, 겨울로 순환하고, 하루의 시간은 아침, 점심, 저녁, 밤으로 순환한다. 우리 인생은 유년, 청년, 중년, 노년을 거쳐 죽음에 이르는 과정을 밟아간다. 계절이든 하루의 시간이든 인생이든 한곳에 머물러 있지 않고 흘러간다. 하지만 계절과 하루의 시간은 순환하는 데 반해 윤회나 환생을 믿지 않는 한 개체로서의 인생에는 순환이란 게 없다.

"하늘은 눈물이 날 만큼 투명하다."로 시작하는 장기오의 〈가을 탓인가?〉는 가을 속을 거니는 노년의 아침부터 밤까지의 하루 동안을 그려내고 있다.

> 들녘이 나온다. 햇빛 가득한 가을이 거기 있었다. 하늘은 투명하고 맑았다. 인적 하나 없는 외길 위에 저녁 햇살이 드리우고 있다. 나는 서늘한 가을의 기운을 깊이 들이켜며 천천히 걸었다. 이런 산길에서도 우리는 문득 우울을 만난다. 단풍이 곱게 물든 산기슭을

혼자서 걸어가야 할 때, 이렇게 들판 한가운데 길이 있고 행인 하나 없는 적막을 만날 때, 귀가 멍해지면서 까닭 모르게 서러워진다.

햇빛 가득한 들녘, 투명하고 맑은 하늘, 단풍이 곱게 물든 산기슭, 서늘한 가을의 기운, 그리고 산책…. 노년의 작가가 자못 황홀하게 향유할 수도 있는 가을이란 계절을 산책하면서 느끼는 감정은 행복, 기쁨, 유유자적, 쾌적함 따위가 아니라, 까닭 모를 서러움, 그리움, 적막, 우울, 외로움, 허무이다. 이것들은 '슬픔'이란 감정의 여러 가지 얼굴이라고 할 수 있을 것이다.

인간에게는 공포, 분노, 행복, 혐오, 슬픔, 놀람 등 여섯 가지 기본 감정이 있다. 대체로 슬픔이란 무언가를 잃어버린 상실감으로부터 발생하는 감정이다. 미국의 심리학자 리처드 래저너스와 버니스 래저너스는 인간은 상실에 저항하고 싸우다가, 심지어 부정까지 하다가, 마침내 상심을 받아들이게 된다고 했다. 상실을 돌이킬 수 없는 것으로 재평가하고 나서야 애도는 슬픔이 된다는 뜻이다. 슬픔을 자극하는 것은 단지 상실 그 자체가 아니라, 복구 불가능한 상실이다. 사실상 복구 불가능한 상실이 슬픔의 극적 플롯인 것이다. 피해자는 잃어버린 것을 다시 가져올 가능성이 없다는 것을 이해해야 한다. 그래서 상실을 받아들이는 데는 시간이 걸리는 것이다.

그러면 이 글의 작가가 잃어버린 것은 무엇이며, 어떤 복구 불가능한 것을 상실했기에 이처럼 슬픔의 감정에 사로잡혀 있는가?

바람은 서늘하고 별은 총총했다. 바람에 흔들리는 나뭇잎 위로 달빛이 일렁거렸다. 뱀이 풀숲을 스치며 지나가는가? 벌레들의 울음이 뚝 그쳤다. 다시 잔을 들어 술잔을 드는데 문득 잔을 잡은 손이 눈에 들어온다. 손마디 여기저기에 톡 불거져 나온 굵은 힘줄들이 어지럽고 주름 잡힌 손등에 저승꽃이 여럿이다.

그렇다. 그나마 조금 있던 머리털도 다 빠져 이제는 구제불능이고 툭하면 무얼 빠뜨리고 다닌다. 책을 읽어도 잊어버리기 일쑤고, 산 책 또 산다. 휴대전화를 어디에 두었는지 몰라 당황하기가 한두 번이 아니다. 바람 부는 날은 어머니가 보고 싶어진다. 삶도 사랑도 영원할 수야 없겠지만 어느 여름날 한잠 낮잠 잔 것처럼 사라져 버렸다. 빈들의 허수아비처럼 허무하다.

작가가 쉽게 받아들이지 못하고 저항하고 싸우다가 심지어는 부정까지 하다가 마침내는 받아들일 수밖에 없는 복구 불가능한 상실은 바로 젊음의 상실, 즉 늙음이다. 손마디마다 불거져 나온 굵은 힘줄, 손등의 저승꽃, 빠져버린 머리털과 같은 몸을 통해 확인되는 노화는 말할 필요도 없거니와 잦은 건망증으로 다가온 정신적 노화는 시시각각 작가로 하여금 인생의 가을에 접어들었다는 사실을 인정하지 않을 수 없게 만든다.

리처드 래저너스와 버니스 래저너스 부부는 감정은 인간의 마음과 몸 양쪽과 관련된 복잡한 반응이라고 했다. 〈가을 탓인가?〉라는 한 편의 수필을 관통하고 있는 지배적 감정인 슬픔은 계절상의 가을과 인생의 가을이 복합된 것으로서 노년의 작가는 이 가을을 몸과 마음 모두를 통해서 총체적으로 느끼고 있는 중이다. 그러니 매사가 슬픈 감정을 환기하게 되는 것이다. "삶도 사랑도 영원할 수야 없겠지만 어느 여름날 한잠 낮잠 잔 것처럼 사라져 버렸다. 빈들의 허수아비처럼 허무하다."라고……. 작가는 남가일몽南柯一夢처럼 허무하기 짝이 없는 것이 인생이라는 박탈감에 사로잡혀 있으니, 아무리 가을 하늘이 투명해도 그것은 눈물에 비유되지 않을 수 없고, 가을날의 감미로운 적요를 감당할 수가 없고, 단풍이 곱게 물든 산기슭을 걸을 때조차 우울, 적막, 서러움에 사로잡힐 수밖에 없고, 이태백처럼 달을 마주하고 도연명처럼 술을 마시는 유유자적을 누려보아도 외로울 수밖에 없는 것이다.

노년에는 여러 가지 고통이 존재한다. 예컨대 병들고 쇠약함에서 오는 신체적 고통이나 우울증이나 조울증과 같은 정신적 고통, 의미 있는 일자리가 없다는 사회경제적 고통, 의식주를 걱정해야 하는 경제적 고통, 인생의 허무나 죽음에 대한 공포와 같은 실존적이고 내면적 고통, 이야기를 나눌 친구나 동료가 없는 정서적 고통……. 일일이 열거하기 어려운 수많은 고통이 있다. 흔히 빈곤, 질병, 고독과 소외, 무위를 노년기의 사고四苦라 한다.

3. 나오는 말

미국의 맥아더재단은 미국 노인들의 신체적, 정신적 능력을 증진시키는 데 필요한 새로운 지식으로 '신노년학'을 수립한 바 있다. 이 연구팀의 대표자인 로우(Rowe)와 칸(Kahn)은 '통상적 노화'와 '성공적 노화'를 구분하여, 노화에 대한 시각을 부정적인 것에서 긍정적인 것으로 변화시키는 획기적 계기를 마련했다. 성공적 노화란 첫째, 질병 피해가기 둘째, 높은 수준의 정신적 기능과 육체적 기능 유지하기 셋째, 적극적으로 생활에 참여하기를 추구하는 것이다. 결국 성공적 노화를 위해서는 병들지 않은 '건강한 몸'과 '물질적으로 부유한 상태'가 되어야 한다. 누군들 이런 이상적 상태가 되지 않기를 원하겠는가?

수필 〈가을 탓인가?〉에서 볼 수 있듯이 고독과 소외, 그리고 무위라는 고통 속에서 인생의 가을인 노년은 점점 주체성을 상실하고 타자로 소외되어 가는 것이다.

마음은 언제나 외로운 사냥꾼

⋮

검정 커튼이 드리워져 있고 그 사이를 비집고 한줄기 빛이 들어오고 있었다. 아버지가 내 손을 잡아주었던 것 같기도 하고, 흐릿한 눈으로 나를 한 번 쳐다본 것 같기도 하고, 내가 병실에 갔을 때 이미 운명한 상태였던 것 같기도 했다. 내가 마지막으로 본 아버지 모습이었다.

나는 아버지 얼굴을 기억하지 못한다. 낡은 사진이 한 장 있긴 했으나 이리저리 떠돌다 잊어버렸다. 나이 마흔다섯에 겨우 다섯 살배기 막내아들을 두고 아버지는 세상을 떴다. 어린 아들에게 자정慈情의 말 한마디 남기지 않았다. 그 어둡고 우울한 광경이 지금도 눈에 선하게 어린 나에게 깊이 각인된 것은 '내 인생의 불행의 시작'이라는 본능적인 불안감 때문'이 아니었겠나, 짐작이 된다.

그리고 그 전前 해 명절 아침, 내가 따라 준 술을 환하게 웃으면서 받아 마셨던 기억이 아버지 모습의 전부다. 아버지가 없음으로 해서 나는 외롭고 고단하게 세상을 떠돌았지만 내 조악한 삶을 아버지 탓으로 돌리지 않았다. 애초부터 나에게는 아버지가 없었기 때문이다. 아버지 사랑을 받은 적이 없었기에 나는 아버지의 사랑을 제대로 자식들에게 베풀지를 못했다. 사랑하는 방법을 배우지 못했기 때문일 것이다.

한창 바쁘게 돌아치던 젊은 어느 날, 나는 야간촬영을 끝내고 스태프들과 술을 한잔 하고 들어왔다. 아파트 주차장에서 올려다본 우리 집 아들 방에 불이 켜져 있었다. '아직까지 공부를 하는 모양이구나.' 하고 다소 흐뭇한 마음으로 현관문을 여는데 아들 방에 불이 탁 하고 꺼졌다. 잠시 망설였다. '모른 척할까?' 나는 아들 방문을 열고 들어가 불을 켰다. 아들은 선잠을 깬 척하며 일어났다. 나는 아들을 안아주었다. 아들이 퉁명스럽게 말했다.

"아빠는 왜 맨날 늦게 들어오세요." 나는 설명할 수가 없었다.

"아빠의 일이 원래 그렇다."

"그런데 왜 술은 마시고 들어오세요."

아버지의 일을 모르는구나, 약간 비감에 젖었다.

"아버지가 마시는 술은 술이 아니라 눈물이 절반이다."

나는 김현승의 시 한 구절을 원용했다.

"에이, 그런 말이 어디 있어요."

(크면 알게 될 것이다. 세상의 모든 아버지들은 그렇게 눈물의 술을 마신다는 것을.)

"그래, 아버지가 술에 취해서 말도 아닌 말을 했다."

아들은 가끔 그날 밤 내가 했던 말을 상기하곤 한다. 공감한다는 뜻인 듯했다.

나는 다른 아버지들처럼 그렇게 여유 있게 살질 못했다. 늘 절박했다.

빈손으로 고향을 떠날 때 비록 통속적이긴 하지만 성공하지 못하면 다시 이 땅을 밟지 않으리라 마음속으로 맹세했다. 친구 집을 전전하다가 우연히 PD가 되었을 때도 나는 죽기살기로 일을 했다. 이 일은 연고나 지연, 학연이 없더라도 객관적인 잣대(시청자의 호응)가 있기 때문에 하기 나름이라는 확신이 섰다. 한 작품, 한 작품에 최선을 다했다. 작품을 연출할 때는 거의 잠을 자질 않았다. 수십 번씩 콘티(연출 플랜)를 수정하고, 수정한 콘티를 다시 밤새워 재수정했다. 작품이 끝났을 때 가장 큰 소원은 잠한번 실컷 자는 것이었다.

그래서 집으로 돌아왔을 때는 2-3일 정도는 죽은 듯 잠만 잤다. 자식들과 그 흔한 놀이공원 한번 가보지 않고, 집에서 잠만 자는 아주 나쁜 아버지가 된 것이다. 자식들 교육 문제에서도 나는 완고했다. 아들은 강하게, 딸은 반듯하게 길러야 한다는 내 소신 때문에 딸은 스트레스를 많이 받았다. 귀가 시간을 정해놓고 다그쳤다. 때로는 교수한테 전화가 오고 과대표한테서도 전화가 왔다. 귀가 시간을 조금만 늦추어달라고. 그럴 경우, 예외가 있긴 했지만 비교적 엄격하게 다스렸다. 그것도 이제 와서는 흠이 된다. 아들도 그런다. 어렸을 때 아버지는 엄청 무서웠다고.

이제 나이가 들고 자식들도 결혼하여 자식을 얻었다. 아들 내외는 주말마다 아이를 놀이공원으로, 바닷가 등으로 데리고 다닌다. 어렸을 때 좋은 추억을 남겨주어야 한다면서 주말엔 거의 집에 있질 않는다. 아이의 일거수일투족을 카메라에 담고, 친구처럼 아이와 놀아준다. 정말 아버지답다. 아들은 나한테 그랬다. "아버지는 자식을 공짜로 키웠다."라고. 나는 그런 아들의 모습을 보면서 새삼 우리 시대의 아버지를 생각했다.

우리 시대의 가족사진에는 아버지가 없다. 오로지 일만 있었다. 조국 근대화의 역군이 되어 아침 일찍 출근하고 밤늦게 들어왔다. 야근으로 집에 못 들어오는 날이 부지기수였고, 때로는 만취해 세상사의 억울함을 가족들에게 억지 부리기도 했다.

우리 시대의 아버지는 내내 바깥으로만 떠돌았다. 아버지가 집에 있어 즐겁고 유쾌한 것이 아니라 오히려 적막했다. 아버지가 잠을 깰까봐 까치발을 해서 다녀야 하는 자식들에게 아버지는 불편한 존재였다. 우리 시대에 아버지는 있었지만 아버지다운 아버지는 없었다. 그런 세월이 지속되다 보니 자식들은 아버지를 보면 슬슬 피했다. 아버지가 집에 없었으면 하는 기색이 역력했다. 나뿐만 아니라 우리 시대의 모든 아버지가 거의 대동소이했다.

벌이도 그랬다. 많지 않은 월급인데도 술값이나 외상값으로 빈 봉투를 가져다주면서도 되레 큰소리치기도 했다. 연줄이 없어 진급에서 탈락할 때마다 몇 날을 두고 우울해 가족들을 안절부절못하게 만들었다. 우리 시대의 아버지는 실체 없이 떠도는 유령이었다. 아내에게는 애물단지 '웬수'로, 자식에게도 다가서기엔 어쩐지 거북하고 두려운 존재가 되고 말았다.

　우리는 이제 늙었고 역할도 끝났다. 자식들이 한 가정의 중심으로 자리 잡으면서 우리 시대의 아버지들은 생의 뒷전으로 밀려났다. 젊은이들의 자식 사랑을 지켜보면서 나는 자꾸만 아버지의 임종 장면이 떠오른다. 상처받지 않은 영혼이 어디 있겠으며 고단하고 설움 없는 삶이 어디 있겠느냐마는, 만약 내가 죽어 저승에 있는 아버지를 만난다면 어느 시인의 시처럼 내 생전에 억울하고 원통하고 서러웠던 일, 한 가지만이라도 일러바치고 아버지 품에 안겨 엉엉 울고 싶다는 생각도 한다.

　아버지는 울타리다. 자식들을 지켜주는 굳건한 울타리여야 한다고 생각했다. 그래서 때로는 매도 들고 강요도 했다. 우리 시대의 아버지는 그래서 외롭다. 한평생 무엇을 찾으려고, 무엇을 구하려고 그렇게 분주히 돌아쳤던가. 아버지의 마음은 언제나 외로운 사냥꾼이다.

달빛 소나타

　　달빛이 유난했다.

　연일 내린 폭설로 온 천지가 파르르 떨며 푸른빛을 발하고 그 위로 폭포처럼 달빛이 쏟아지면서 밤은 대낮보다 더 대낮 같았다. 얼음 속에 갇힌 것처럼 날카로운 비수가 온몸을 콕콕 찌르는 것 같더니 이제는 아무런 감각조차 없다. 1967년의 겨울은 혹독하게 추웠다. 그날도 6시간째였다. 한계점에 이르렀다.

　(이건 인간이 할 짓이 아니다. 여기서 나가자. 그 길이 어떤 길일지라도 이보다 더한 고통은 없을 것이다.)

　한 발자국만 나가면 된다. 고참들이 주로 드나드는 개구멍이 바로 코앞이다. 나는 개구멍 앞으로 다가갔다. 잠시 고개를 들어 달을 쳐다봤다. 그리고 다시 고개를 떨어뜨리고 생각을 가다듬었다.

　(이 길이 옳은 길인가? 이 방법밖에 없는 걸까?)

망설여졌다.

(아니다. 이렇게 살 수는 없다. 이 선택이, 그리하여 내 삶이 결코 회복할 수 없는 나락으로 떨어진다 해도 온 것으로 받아들이자.)

결심을 굳히고 울타리 밖으로 한 발짝 내딛는데 누군가가 내 앞을 딱 가로막고 섰다. 나는 기겁을 했다.

"너, 어디 가." 하면서 누군가가 내 가슴팍을 치며 울타리 안으로 밀어넣었다. 그 서슬에 비틀거리다가 겨우 균형을 잡아 그를 쳐다보니 일주일이면 제대하는 우리 내무반 최고참이었다.

"오, 오줌 누려고……."

"여기서 눠!"

나는 나오지도 않은 오줌을 누는 척하고 그 병장 앞에 부동자세로 섰다.

한동안 그는 달을 쳐다보더니 깊은 한숨을 내쉬면서 그랬다.

"너, 많이 고달프지?"

군대 와서 처음으로 들어보는 따뜻한 말이었다. 울컥했다. 그는 내 등을 부드럽게 쓰다듬어주면서 말했다.

"누구나 그런 세월을 보낸다. 너만 이런 고생을 한다고 생각하지 마라. 몇 시간째냐?"

"열, …… 열 시부터……." 말을 채 마치기도 전에 울음이 목울대를 밀고 올라왔다.

제 설움이었다.

"사내자식이 울긴……. 6시간이 넘었구나."

나는 어린아이처럼 소매로 눈물을 훔치며 그를 쳐다봤다.

"너, 지금…… 탈영하려고 했지?"

나는 선불 맞은 짐승처럼 화들짝 놀랐다. 내가 무슨 행동을 했던가보다도 '탈영'이라는 말에 더 놀랐던 것 같았다.

"아, 아, 아닙니다."

"아니긴 뭐가 아니야! 너 지금 탈영하려고 했어!"

나는 더 이상 말을 못하고 땅만 내려다보고 있었다.

"추운데 이리로 들어가자."

그는 나를 끌고 페치카 불구멍 앞으로 데리고 가더니 아예 불구멍을 열어 젖혔다. 그리고 나를 좀 더 따뜻한 곳에 앉히더니 사제 담배를 한 대 붙여 건네준다.

"피워라."

그도 담배를 붙여 깊숙이 빨아 뱉더니

"나는 무식하다. 너는 공부도 제법 했겠지만 나는 시골에서 농사짓다가 군대 왔다. 너는 그래도 행정반에서 행정을 보고 있지만 나는 보병이다."

나는 연대 군수과 차트병 조수일을 하고 있었다. 거의 매일 밤 야근에, 보초시간이 되면 내무반으로 와 동초를 서야 했다. 보통 2시간 간격으로 교대를 하는데 초저녁에는 주로 고참들에게 불침번이, 중참들에게는 초저녁 동초 배정이 돌아간다. 졸병들에게 10시 어림으로 동초를 배정하고 그 이후는 또 다른 고참들을 배정한다. 교대시간이 되어 다음 보초인 고참을 깨우면 절대 일어나지 않는다. 억지로 깨우거나 떼를 쓰면 고달파진다. 그래서 매일 밤 거의 밤을 새우다시피했다. 식사 때는 고참들 밥을 식당에서 타다 내무반에 대령해야 했고 고참들 식사 후에는 식기를 거두어 뒤 냇가에 나가 얼음을 깨고 깨끗이 닦아 관물대에 정리까지 해 주어야 했다. 그러다 보면 정작 나는 굶기 일쑤였다. 배식 시간을 넘겨버린 후에야 나는 식당에 가서 두 손을 싹싹 빌면서 밥 좀 달라고 애원을 했고, 손등은 얼어터져 거북 등처럼 갈라져 피가 줄줄 흘렀다. 아무데서나 꾸벅꾸벅 졸았다.

"편안하기만 한 세상이 어디 있겠는가? 나는 집에 돌아가면 이보다 더한 고생을 할지도 모른다. 그래서 나는 말뚝 박을 생각까지 해봤다. 그런데 늙은 아버지를 생각하니 차마 그럴 수가 없었다. 너는 지금 내가 무척 부럽지? 그러나 나의 군대생활은 너보다 더 했으면 더했지 못하지 않았다. 그러나 나는 견디어 왔다. 그런데 나보다 공부도 더 많이 하고, 나보다 더 똑똑하면서 너는 그걸 왜 못 견디느냐?"

'너는 왜 못 견디느냐.'는 말에 나는 고개를 숙였다.

"20세에 인생 전부를 걸지 마라. 평생 후회할 일은 하지 마라."

그런 말을 하다니, 이 삭막한 최전방 전선에서 그런 말을 나에게 하다니……. 처음으로 듣는 진심의 말, 사람다운 말에 또 목이 메어왔다.

"고… 고맙습니다." 나는 그의 품에 안겨 울고 싶었다. 그는 나의 마음을 아는 듯 끌어당겨 등을 토닥거려 주었다.

"이 자식, 또 울어! 사내가 그렇게 마음이 약해서 군대 생활 어떻게 하려고 그래? 응!"

"죄, 죄송합니다. 저는 지금 솔직히 탈영하든지, 그게 안 되면······."

"그게 안 되면?"

"죽고만 싶습니다."

그는 나를 뚫어지게 쳐다보더니 담배를 깊이 한 번 빨아 삼키고 나서는,

"탈영도 하지 말고, 죽지도 마라."

"이렇게 살 수는 없을 것 같습니다. 아니, 도저히 못 버틸 것 같습니다."

"내가 그랬지? 인생에 후회할 일을 하지 말라고."

그는 깊은 한숨을 내쉬더니 고개를 들어 달을 한번 쳐다보더니 조심스럽게 말을 이어갔다.

"말단 소총부대로 가거라. 거기 가면 이 고생은 안 해도 된다. 여기서는 다 행정병이기 때문에 계급 순이지만 말단 부대는 그렇지가 않다. 행정병은 우대받는다."

나는 우선 눈이 번쩍 띄었다.

"어······ 어떻게 해야······."

"방법은 나도 모른다. 너 사수하고 의논해라. 그리고 다시 한 번 말한다. 네가 이곳을 벗어나는 순간, 너는 후회한다. 절대로 미련한 짓을 하지 마라."

나는 그의 말대로 최전방 소총부대로 지원해 갔다. 새 부대로 전출간 지 한 달 만에 1·21사태가 발생하여 한동안 고생을 하긴 했지만 참을 만했다.

나는 그의 정확한 이름도, 고향도 모른다. 그러나 요즘도 달빛 밝은 겨울 밤이면 그때 그 전방의 살을 찌르는 듯한 추위와 교교한 달빛과 매서운 바람이 생각나고 어찌할 바를 몰라 방황하던 내 가엾은 젊은 날의 청춘이 주마등처럼 떠오른다.

| 촌평 |

수필의 감동, 모티브
- 장기오의 〈달빛 소나타〉

유한근((디)서울문화예술대학교수. 문학 평론가)

나는 지금 감동을 찾고 있다. 가슴이 먹먹해지고 책 속으로 빨려들어 갈 만한 그 대상을 탐색한다. 나를 울리고 웃길 대상을 찾는다. 보통 사람들의 진부한 이야기 속에서 발칙한 상상력을 찾을 때 그것이 감동적인지 그 여부를 알고 싶다. 여기에서.

그 감동이 어떤 형태로 오든지, 어디로 오든지 개의치 않고 ≪수필과비평≫(2013년 6월호)을 읽는다. 마음을 비우고, 작가가 누구인지 그것은 상관없고, 하나의 테마를 잣대로 마련하여 재지 않고 언어들을 탐색한다. 가슴에 스며드는 언어, 머리를 때리는 언어, 충격을 주는 언어들을 무작정 찾아 읽는다. 처음부터 끝까지.

장기오의 〈달빛 소나타〉는 연재수필이다. 연재수필은 월평 대상에서 늘 비켜가지만, 작가의 수필 미학이 어떤 국면에서 독자들에게 감동을 주는가를 단편적으로나마 살펴보기로 했다.

    달빛이 유난했다.
- 연일 내린 폭설로 온 천지가 파르르 떨며 푸른빛을 발하거 그 위로 폭포처럼 달빛이 쏟아지면서 밤은 대낮보다 더 대낮 같았다. 얼음 속에 갇힌 것처럼 날카로운 비수가 온몸을 꼭꼭 찌르는 것 같더니 이제는 아무런 감각조차 없다. 1967년의 겨울은 혹독하게 추웠다. 오늘도 6시간째였다. 한계점에 이르렀다.
    (이건 인간이 할 짓이 아니다. 여기서 나가자. 그 길이 어떤 길일지라도 이보다 더한 고통은 없을 것이다.)
    한 발자국만 나가면 된다. 고참들이 주로 드나드는 개구멍이 바로 코앞이다. 나는 개구멍 앞으로 다가갔다. 잠시 고개를 들어 달을 쳐다봤다. 그리고 다시 고개를 떨어뜨리고 잠시 생각을 가다듬었다.
    (이 길이 옳은 길인가? 이 방법밖에 없는 걸까?)
    망설여졌다.

                      - 장기오의 〈달빛 소나타〉의 서두 부분

장기오의 〈달빛 소나타〉는 군대 이야기다. 작가가 신참 때 탈영하려 했던 에피소드를 소개하고 있다. 위의 인용문에서 보듯이, 이 수필은 폭설이 쌓인 겨울 밤, 달빛으로 인해 대낮 같은 밤 풍경부터 묘사된다. 표현 구도는 다분히 소설적 기술 방식이다. 보여주기와 말하기의 서술방식을 교직한다. 1967년 겨울 병영생활을 견디지 못하고 탈영을 시도하는 그 상황을 생동감 있게 전달하기 위해서는 보여주기 방식을, 시대적 상황과 에피소드를 압축 설명할 때는 말하기 방식을 취한다. 이런 형식을 통해 감동을 이끌어 낸다. 최전방 삭막한 곳에서 만난 이름도 고향도 모르는 최고참의 말 "스무 살에 인생 전부를 걸지 마라. 일생에 후회하는 일은 하지 마라."라는 따뜻한 말을 에피소드의 정점으로 하여 극적효과를 구조한다. 사건이나 사람 간의 갈등이 아닌 작가가 처한 상황과 작가 자신과의 갈등을 최고점으로 설정한다. 픽션이 아닌 수필에서 할 수 있는 극적효과의 하나의 유형이 될 수도 있을 것이다. 사람과 사람과의 갈등구조가 아닌 사람과 상황과의 갈등구조가 그것이다.

감동의 모티브는 언어 인식과 감각적 이미지의 표현구조를 통하여 가능하며, 사물에 대한 치명적인 아름다움에서 받게도 된다. 그리고 깨달음이나 정신적인 힐링, 그리고 신앙고백과 종교 인식을 통해서 감동 모티브는 생성된다.

그러나 독자는 더 감동을 요구한다. 참신하고 발칙하기를 원한다. 전율을 느끼고 싶어한다. 영혼을 흔들어 놓는 감동을 원한다. 치명적이기를 원한다. 이것이 문제다.

이별 후에 남는 것

　　사무실을 옮기려고 서류정리를 하는데 오래된 책 속에서 매캐한 먼지와 함께 풀썩 하고 무언가가 떨어졌다. 동시에 그의 마음도 덜컹했다. 무언지는 모르지만 누가 볼까봐 주위를 얼른 둘러보고 조심스럽게 집어 들었다. 사진이었다. 볕이 잘 드는 창가로 가 사진을 들여다보았다. 이미 오래전에 헤어졌고 이제는 기억도 거의 까마득한 한 여자가 웃고 있었다. 촉촉한 얼굴로 지금껏 미소를 지으며 그를 보고 있었다. 그만 잊어버린 걸까? 그녀는 아직도 그를 생각하고 있는 걸까? 미움도 연민도 아닌 마음으로 먼지를 조심스럽게 닦아내고 다시 들여다보았다. 색채도 많이 낡았고 인화지도 누렇게 바랬다. 움켜쥐면 바스라질 것 같았다. 하늘을 올려다봤다. 핏빛 노을이 섬뜩하게 아름다웠다. 그가 저런 아름다운 노을에 실려 이 세상을 떠날 때까지 그녀는 사진 속에서처럼 남아 그윽한 눈빛으로 그를 위안해 줄까?

  망각의 저편에 있던 한 여인이 그에게 다가왔다. 헤어지고 나서 한동안 그는 이상한 체험을 했다. 떠난 그녀는 분명 눈앞에 없는데 그녀의 목소리가 들리는 것 같았고 그녀의 체취가 콧가를 맴돌았다. 손으로 얼굴을 만져 봐도 감정 없이 앞만 보는, 단지 종이일 뿐인데 그 속에 있는 그녀는 실제처럼 생생했다. 그녀는 떠나고 없는데도 그녀와의 관계는 그렇게 한동안 지속되었다. 어둑어둑 비 내리는 날, 창가에 서면 같이 걷던 거리가 생각나고 라디오에서 멘델스존(Mendelssohn)의 〈바이올린 협주곡〉이 나오면 그녀의 해맑게 웃던 얼굴이 떠올랐다. 사진을 꺼내보곤 했다. 그러면 그녀가 금방 그에게 다가올 것 같아 공연히 가슴이 두근거렸다.

  지나갔기 때문에 아름다운 것인가? 아무리 지독한 고통이라도 그 시간이 지나면 추억담으로 회상할 수 있다. 그녀와의 시간에 어찌 기쁨만이 있었겠는가. 때로는 얼굴을 붉히고 몇 개월간 연락도 하지 않았다. 미움으로 밤을 지새우기도 했다. 별것 아닌 일로 그들은 이별의 말도 없이 연락을 끊었다. 그러나 그 시간은 지금의 시간이 아니기 때문에 오히려 아련했다. 살아있는 시간이 아니기 때문이다. 지금 당장 살갗을 파고드는 아픔이 아니기 때문이리라.

  나이가 들고, 세상이 그에게 등을 돌리고, 분노도 열정도 없이 적막하게 살아남아, 넘어가는 저녁 해를 보면서 공연히 쓸쓸해하는 세월이 계속됨에 따라 그녀도 자연히 잊혀 갔다. 사진이 세월과 함께 낡아 바스라지듯 말이다. 그러다 어느 날 책 속에 숨었다가 불쑥 나타난 것이다.

한때를 생각해 보았다. 사람의 발길이 끊긴 인적 없는 한계령 산장에서 차 한 잔을 놓고 안개 자욱한 설악의 모습을 내려다보던 어느 늦가을의 고적한 외출, 남한강 가에 차를 세우고 밤늦도록 문학과 예술을 이야기하던 열정적인 시간들. 둘은 언제까지나 그렇게 낭만적으로 살 수 있을 것으로 생각했다. 그러나 지지 않는 꽃이 어디 있겠는가? 조금씩 의견이 빗나가기 시작하면서 서로 마음의 벽이 쌓여지기 시작했다. 언제까지나 이어질 것 같았던 그들만의 잔치도 마지막을 준비하고 있었다. 제도권 진입이 어렵다는 걸 서로가 잘 알면서도 인정하고 싶지 않았던 것이다. 이별의식도 없이 소식을 끊었다.

누군들 한때의 아름다운 추억이 없겠는가마는 칠십을 바라보는 나이에 젊은 날의 사랑을 추억하자니 새삼 가슴이 먹먹해진다. 그는 책상 앞에 한동안 망연히 앉아 있었다. 정신을 가다듬으려고 화장실에 가 세수를 하고 거울을 보는데 웬 늙은이가 서 있었다. 깊게 파인 주름이 고집스러운, 마른 삭정이처럼 물기란 물기는 다 빠진 삐쩍 마른 노인 하나가 초라한 모습으로 서 있었다. 화들짝 놀랐다. 잠시 젊었을 때를 회상했는데 그새 그를 잊어버린 것이다. 벌게진 얼굴로 사무실을 나왔다. 조금 이른 시간이긴 하지만 근처 단골 술집 노천좌석에 앉아 막걸리를 마셨다. 술잔으로 나뭇잎이 내려앉았다. 나무를 올려다봤다. 나무는 잎을 떨어뜨리고 있었다. 비우는구나. 인연을 끊는구나. 비워야 채워지고 빈 하늘이 있어야 댓가지에 걸린 달이 더욱 아름다울 것이다. 비우고, 잊을 수 있다는 것도 하나의 축복이리라. 사람은 기억해야 할 것도 많지만 잊어야 할 것도 적지 않다. 잊고 비우자. 그래야 편안해진다. 잊지 못하면 미련이 남고 슬픔이 남고 그래서 회한이 남는다.

혼자 중얼거렸다. '사랑도, 열정도……, 하잘 것 없었던 젊은 날의 명예까지도 이제는 잊어버리자.' 그는 사무실로 되돌아왔다. 낡은 사진을 꺼내 다시 한 번 그녀를 뚫어지게 쳐다봤다. 가볍게 입을 맞추고는 불을 붙였다. 바짝 마른 인화지는 순식간에 후루룩 타 들어갔다. "잘 가거라. 내 청춘아." 그는 낮게 웅얼거렸다. 한줌의 재로 변한 사진은 꼭 그의 모습을 닮은 듯 비참해 보였다.

문을 잠그고 밖으로 나와 몇 발자국 걸음을 옮기는데 갑자기 앞이 뿌예지더니 눈물이 주르륵 흘렀다. 그리고는 걷잡을 수 없이 쏟아졌다. 그는 은행나무를 잡고 하늘을 올려다보며 눈물을 삼켰다. 머리 위로는 낮달이 외롭게 떠 있었고 낙엽이 우수수 떨어지고 있었다.

겨우 울음을 수습한 그는 우울한 얼굴로 호주머니에 손을 찌르고 어슬렁거리며 걸었다. 그해 겨울은 유난히 추웠다.

넓고 넓은 바닷가

　태풍 '산바'가 올라오고 있었다. 10여 년 만에 한반도를 관통하는 가을 태풍이라고 했다. 나는 시골에 있는 집필실이 걱정이 되어 서둘러 내려왔다. 읍내에서 먹을거리를 조금 사들고 마을버스에 올랐다. 빗방울이 점점 거세지면서 차창을 거세게 때리고 있었다. 몇 안 되는 승객들 모두가 심란한 얼굴로 창밖을 내다보고 있었다. 어느 할아버지가 중얼거렸다.
　"올해 농사는 망쳤다."
　누군가는 또 그랬다.
　"죽어라, 죽어라 하는구먼."
　들판의 벼는 반쯤 누웠고, 농수로에는 물이 넘쳐 도로로 올라오고 있었다.
　모두들 물이 넘쳐나는 황량한 논밭을 내다보며 말이 없었다.

그때 한 할머니가 나지막하게 읊조렸다.

넓고 넓은 바닷가에 오막살이 집 한 채
고기 잡는 아버지와 철모르는 딸 있다.
내 사랑아, 내 사랑아, 나의 사랑 클로멘타인
늙은 어미 혼자 두고 영영 어디 갔느냐

마지막 대목에서 목이 멨다. 무슨 사연일까?
"아직도 소식이 없소?" 할머니의 사정을 잘 아는 듯, 한 할아버지가 물었다.
"소식이라도 있었으면, …… 이 어미 가슴이 이렇지는 않을 텐데……. 무심한 년, 죽었는지 살았는지……."
한숨이 깊었다. 잠시 침묵이었다.
"물은 안 들어왔어요?"
한 할머니가 다시 물었다.
"물이라도 들어와 죽었으면 좋겠소."
"무슨 그런 말씀을……."
"내가 무슨 재미로 살까. 그냥 그렇게 죽고 싶소."
한동안 무거운 침묵이 흘렀다. 그러자 아까 말을 붙인 할머니는 어두운 분위기를 바꾸려는 듯 어조를 바꾸며 큰 소리로 그랬다.
"할머니, 우리 집에 가요, 가서 저녁이나 같이 먹읍시다. 네?"
"저녁은 무슨……, 늦으면 차도 없을 텐데……."
"아이고, 걱정 말아요. 9시까지는 차 있어요. 다음에 내립시다."

할머니는 못 이긴 척하며 다음 정거장에서 내렸다.

그러자 한 승객이, 아까 알은체한 할아버지에게 물었다.

"할머니, 딸이 가출을 했어요?"

"하나 있는 딸, 서울로 시집보냈는데 몇 년 전부터 소식이 없어. 영감도 몇 해 전에 죽고."

"딸은 아버지가 죽은 것도 모르고?"

"어렵게 사는 모양인데, 죽었는지, 살았는지……. 어미 가슴이 미어지지."

"아들은 없고?"

"나도 잘 몰라. 우리 동네 올 때부터 부부하고 딸 하나밖에 없었어."

삭막해서 어떻게 살까? 이렇게 비가 오는 날, 아무도 없는 집안에서 할머니는 무엇을 할까? 할머니는 노랫말처럼 '넓고 넓은 바닷가에' 하면서 혼자서 울 것이다. 자식이 원망스럽기보다 자식이 그립고 보고 싶어서 "늙은 어미 혼자 두고 영영 어디 갔느냐."라고 중얼거릴 것이다. 죽지 못해 산다는 말이 가슴으로 다가왔다.

나는 그 노래가 그렇게 슬픈 줄 몰랐다. 집필실로 들어와 그 노래를 읊조리다 나도 모르게 눈물이 나왔다. 그리고 종내에는 그 할머니가 너무너무 불쌍해 엉엉 울었다. 저녁에는 술을 홀짝거리다가 또 삐죽거렸다. 농촌에는 이런 독거 노인들이 의외로 많다. 도시로 나간 자식들이 돌연 소식을 끊는 예도 있고, 하나 있는 딸자식이 시집가 궁색하게 살다 보니 면목이 없어 부모와 소식을 끊고 사는 경우도 있다. 그래도 부부가 같이 살아 있으면 덜 적적할 텐데 한쪽이 먼저 갔을 경우는 그야말로 적막강산이다. 영화 〈아무르Amour〉에서의 대사처럼 '인생은 참 길다.'

키울 때 힘들더라도 자식이 하나면 안 된다. 자식한테 구박을 당하더라도 아무도 없는 설움보다는 나으리라. 자다가 죽어도 누가 알 것이며, 누가 있어 그들의 죽음을 슬퍼해 줄 것인가. 아무도 조상弔喪하는 이 없이 쓸쓸하게 화장터의 재로 사라진들 누가 그들을 기억해 줄 것인가. 혼자 빈방에서 죽어 백골만 남은 죽음들이 심심찮게 보도된다. 우리 사회가 산업화, 도시화되면서 이런 고독사가 많아졌다. 행정기관에서는 그런 독거노인을 위해 수시로 방문하여 안부를 확인하곤 한다고 했다. 그러나 그걸로 그런 그들의 고독이 사라지지 않는다.

나도 그런 고독을 느낀다. 일요일이나 휴일날, 아내와 둘이 하루 종일 멋쩍게 있다 보면 괜히 자식들이 그리워진다. 같이 밥이라도 먹고 싶은데 저들한테 혹 부담이 될까 싶어 참는다. 멀리 있는 것도, 오래 안 본 것도 아닌데도 원망스러운 때가 있는데, 하물며 혼자되었을 때, 그런 자식들의 무관심은 일종의 설움으로 다가올 것이다. 늙어가면서 자꾸 사람의 온기가 그립다. 젊었을 때는 스스로의 온기로 살아가지만 늙으면 피붙이의 온기가 필요하다. 그것은 노후의 행복이며 삶의 활력소다.

남의 일 같지가 않다. 그 할머니를 생각하면 삶이 허무해진다.

귀거래사 歸去來辭

　　사람의 연치가 늘어나고 할 일도 마땅찮으면 저절로 쓸쓸해진다. 막연히 넘어가는 해를 오래도록 쳐다본다든지, 어디에서 젊었을 때 불렀던 노래가 흘러나오면 까닭 없이 눈물이 난다. 덜컹거리는 바람 소리에도 가슴이 서늘해진다. 어느 날 TV에서 청어가 많이 잡히면서 과메기의 원조는 원래는 꽁치가 아니라 청어라는 뉴스와 함께 그 지방 탐방르포가 방영되었다. 무심코 TV를 보던 나는 갑자기 탄식을 했다. '아! 그곳이 있었구나.' 그 날 이후 나는 밤마다 고향 꿈을 꾸었다. 까마득하게 잊고 지내던, 수십 년 전에 이미 떠나온 고향이 꿈에 보이고 그때 뛰놀던 그 골목길, 그 친구들의 면면이 생생하게 꾸어졌다.
　　벌거숭이로 뛰놀던 바닷가, 크고 작은 선박들이 즐비하게 늘어선 부둣가를 달음박질치는 친구들, 폭격으로 반쯤 파괴되어 기묘한 풍경을 만들어 내던 낡은 미곡 창고에서 밤늦도록 숨바꼭질하던 어스름 저녁, 이런 어릴 때의 모습들이 너무나 생생하게 꿈에 나타나곤 했다. 한밤중에 깨어 오랫동안 잠들지 못한 일도 있었다. 〈가고파〉 노래만 들어도 눈시울이 뜨거워지곤 했다. 고향은 나이가 든다고 해서 잊히는 것이 아니었다. 오히려 더욱 간절해졌고 더욱 그리워졌다. 삶은 원형이라서 그런가? 자꾸만 고향이 보고 싶어졌다. 여우도 죽을 때가 되면 자기가 살던 굴 쪽으로 머리를 향한다고 했는데 나도 죽을 때가 되어서인가? 한번 가야겠다. 돌이켜보니 그곳을 떠나 후 나는 한 번도 찾지 않았던 것 같다. 살기 바빠서도 그랬겠지만 그곳의 상처가 깊었기에 아마 의식적으로 외면했던 것이 아닌가 하는 생각도 들었다.

올겨울 들어 가장 춥다는 날, 나는 그냥 이웃 마실가듯 나섰다. 하루가 다르게 변하는 세상에 그곳만 변치 않을 리 없겠지만 동명洞名을 대고 간신히 찾아간 곳은 전혀 낯선 곳이었다. 나의 동심을 추억해 줄 그 아무것도 남아 있지 않았다. 내가 놀던 샛강은 복개되어 주택과 상가들이 즐비하게 들어섰고 어머니가 노점상을 하던 어수룩한 시장엔 현대 상가들이 다닥다닥 들어서 있었다. 절망의 얼굴로 어머니가 바라보던 어스름 저녁 하늘은 아치형 지붕으로 덮어져 있었다. 나는 한참을 서서 그 광경을 바라보았다. 나는 기억한다. 다 팔지 못한 고추자루를 내려다보다 눈을 들어 하늘을 올려다보는 어머니 눈귀에 번지던 찐득한 눈물을……. 어린 자식에게 보이지 않으려는 듯 차마 흘러내리지 못한 채 눈언저리에 고여 있던 그 눈물은, 그때는 그냥 막연히 슬펐지만 지금 생각해 보니 무슨 응어리 같은, 한恨 같은 것이었다. 내 어린 유년도 눈물 없이는 회상할 수 없지만 6·25 때 아버지를 잃고 혼자서 막 자란 나보다, 여섯 식구를 혼자서 부양해야 하기에 힘겹게 버티고 살아온 어머니의 한이 더 눈물겨워진다. 홀로 서럽고 고달픈 멍에를 다 짊어지고 간 어머니를 한동안 회상했다.

호미곶. 당시엔 대보라 불리던 곳으로 갔다. 관광지가 되어 있었다. 횟집이 즐비했고 해변으로 둘레길이 만들어져 있었으며 등대박물관도 세워져 있었다. '바다손' 조각이 있는 곳에서는 서너 커플의 남녀들이 부둥켜안고 사진을 찍을 뿐 한산했다. 내 한과 추억이 깃들었던 등대로 가는 방파제는 광장이 되어 있었다. 나는 등대가 잘 보이는 포장마차에 앉아 소주를 마셨다. 18세의 그때처럼. 그리고 나는 천천히 등대 쪽으로 발을 옮겼다. 그곳이 그때의 그곳이었는지 알 수는 없었지만 그곳이라 짐작되는 곳에서 나는 바다를 향해 합장하듯 두 손을 잡고 섰다. 이상한 열기에 들떠 차가운 겨울바람도 춥질 않았다.

50여 년 전, 크리스마스에 나는 그곳에 있었다. 그때 그곳은 하루에 버스가 한 번만 들고나는 한촌閑村이었고 땅 끝이었다. 내가 그곳에 도착한 것은 거의 밤중이었다. 하나뿐인 여인숙에 여장을 풀고 방파제 끝에 있는 등대로 나갔다. 파도가 내 키를 넘었다. 나는 방파제 끝 등대까지 갔다. 아무도 나를 말리거나 주의를 주는 사람도 없었다. 나는 그곳에서 술을 마셨다. 파도는 거셌다.

나는 그 파도를 피하지 않았다. 온몸으로 파도를 받으면서 이 바다에서 죽으려고 했다. 그러나 나는 죽질 못했다.

회한과 탄식의 일흔을 앞두고 다시 이 바다에 섰다. 내가 죽기로 결심했던 그 등대로 가는 방파제는 없어졌지만 바다 끝에는 전망대가 설치되어 있었다. 그때처럼 파도가 그렇게 거세지는 않았지만 올해 들어 처음 닥친 추위로 인해 파도는 제법 전망대 끝을 때리며 솟아올랐다. 한 편의 글로, 하나의 문장으로 내 이 생애의 섬광 같은 순간들을 다 글 속에 가두어 둘 수는 없겠지만 추억하면 생생하고 아프다. 고향을 떠나본 사람들은 알리라. 고향의 것들은 이미 없어졌다는 것을, 옛날의 그 낡은 여인숙도, 먼지를 뒤집어쓴 채 외롭게 서 있던 구멍가게도 없다는 것을.

고향의 노래를 부를 수 없다고 해서 고향이 사라지지 않듯이 내 가슴속에는 오늘과는 다른 50여 년 전의 모습들이 더욱 견고하게 자리 잡고 있었다. 어느 시인의 말처럼 '술은 내가 마셨는데 취하기는 바다'가 취한 것인가. 들이치는 파도는 나를 덮치듯 솟아오른다. 남은 술을 고수레하듯 바다로 향해 던졌는데 포말이 되어 내 얼굴로 되돌아왔다. 눈물인가, 술인가, 바닷물인가. 찝찝한 물기가 입으로 흘러들었다.

해가 지고 있었다.

그때 어쩌자고 그 노래가 생각났을까? 젊었을 때 목이 메어 불렀던 그 노래가.

광막한 광야를 달리는 인생아!
너는 무엇을 찾으려 왔는가.

등 떠밀리듯 바람에 밀려 나는 그곳을 떠났다.

| 촌평 |

노마드로 살기, 꿈꾸기
― 장기오의 〈귀거래사歸去來辭〉

허상문(문학평론가, 영남대 교수)

　프랑스 철학자 들뢰즈는 현대인의 삶의 운명을 '유목민' 혹은 '유랑자'의 개념으로 표현한다. 들뢰즈가 노마드(Nomad)라고 부르는, 정주하지 못하는 떠돌이로서의 유목민은 자유로운 시각을 지니며, 기존의 가치와 삶의 방식을 부정하고, 불모지로 옮겨 다니면서 낯선 세계와 영역을 끊임없이 넘나들기를 소망한다. 노마디즘은 새로운 삶의 영토·방식·가치를 찾아 이동하여 새로운 것을 창조코자 하는 세계관을 반영하면서 우리 시대의 이데올로기로 등장한 것이다. 그래서 21세기는 새로운 유목민 시대로 불린다. 원래 유목민은 중앙아시아, 몽골 등의 사막지대에서 목축을 업으로 삼아 물과 풀을 따라 옮겨다니며 사는 사람들을 말한다. 그들의 삶의 방식은 일정한 지역에 머물러 농사를 짓고 가축을 기르며 사는 정착민과는 근본적으로 다르다. 유목민들은 자신들의 생존을 위해 끊임없이 이동하는 민족이었다.

근대 과학정신의 발전과 더불어 신인류는 삶의 대안을 또 다른 차원의 노마드의 세계에서 찾아야 했다. 인류는 자신들의 필요에 따라 불, 언어, 종교, 민주주의, 시장, 예술 등 문명의 실마리가 될 수 있는 것들을 고안해냈지만, 현대에 이르러 과거와는 완연하게 다른 과학기술의 발달로 교통, 통신, 언어의 장벽이 허물어진 이유로 이주를 거듭하는 삶의 양태의 변화는 노마디즘의 등장을 불가피하게 만든 것인지 모른다. 인간이라는 종을 탄생시킨, 생물체들의 그 엄청난 뒤얽힘의 이동, 이주, 도약, 여행으로 이루어졌다. 정착민의 역사에 대한 일반적인 믿음과는 달리 농업이 시작되어서야 비로소 문명이 시작된 것은 아니다. 인류의 역사가 시작된 이래로 아메바에서 꽃으로, 생선에서 새로, 말에서 원숭이로 진화된 생명의 역사 자체가 이미 노마드적이다. 정착민은 자신들이 발명한 국가와 세금, 그리고 징벌과 감옥을 통하여 생존 체제를 강화해 나아갔지만 인류문명이 이룬 혁신적 발명과 함께 인류의 노마드적 삶의 운명은 불가피한 것이었다. 유목민과 정착민 사이의 대립과 조화의 역사는 인류의 삶과 역사 전반을 관통한다. 세계사를 되돌아보면 어떤 이들은 정착해 있었고 어떤 이들은 떠돌아다녔다. 세계사는 바로 정착과 유랑의 과정을 통하여 구성되었다.

들뢰즈는 공간적인 이동에 국한하지 않고 불모지를 생성의 땅으로 바꿔가는 창조적 행위로 사유하기 시작했다는 것에 '유목'의 의미를 부여하면서, 노마드를 '새로운 삶을 탐구하는 사유의 여행'을 가리키는 현대 철학의 개념으로 사용하였다. 또한 '속도의 시대'로 통칭되는 무한경쟁의 현대를 살아가기 위한 생존전략으로, 특정 가치와 삶의 방식에 얽매이지 않고 끊임없이 자신을 변화시켜 나가는 방식임을 밝혔다. 한마디로 유목은 현대인의 필연적인 삶의 패러다임인 동시에 미래 사회를 만들어 가는 주된 동력이란 것이다. 자크 아탈리 같은 사람에 의하면, 인류 역사는 정주민들 중심의 승자의 기록이었는데 반해 유목민들은 언제나 무지와 야만의 표상으로만 등장할 뿐이었다. 하지만 인류사에서 '정주의 시기'는 극히 짧은 시간에 불과했고, 인류문명을 이끄는 결정적인 실마리는 모두 유목민들의 품에서 나왔다. 그래서 성城을 쌓고 사는 자는 반드시 멸망할 것이고 끊임없이 이동하는 자만이 생존해 남을 것이라는 것이다.

삶에 있어서도 마찬가지로 문학에서도 기존의 작가들과 같이 정적인 세계에 머물지 않고 역동적이고 창작적인 문학적 모티브를 가지고 있는 상상력은 다분히 노마디즘에 근거하고 있다. 새로운 세상과 우주를 꿈꾸는 작가에게 노마드는 훌륭한 창작 기반으로서의 역할을 제공해 줄 수 있기 때문이다. 노마드는 유목주

의로 옮겨가는 노마디즘으로 그 내연과 외연의 확장을 거듭한다. 모든 책읽기와 글쓰기는 기존의 사고와 규범을 벗어나면서 시공을 확장시킨다. 이제 문학은 다시 출애굽의 시대를 맞았다. 떠나는 사람들은 경이의 눈으로 인간의 삶과 문명을 새롭게 보고 사유하는 노마드로 살고 꿈꿀 권리를 찾고자 한다.

이론적 의미에서의 노마디즘에 기대지 않더라도 인간의 삶은 끊임없는 만남과 떠남의 과정이라고 할 수 있다. 또한 모든 인간관계는 수많은 만남과 헤어짐으로 이루어진다. 삶의 행복과 불행도 모두 어찌 보면 끊임없는 만남의 과정에서 그 만남을 아름답게 승화시켰느냐, 그러지 못하였느냐의 차이에 달려있다. 인간의 만남은 사람과의 만남도 있고 사물과의 만남도 있지만, 인생의 전체 과정을 뒤바꿀 정도의 운명적인 만남도 있다. 새벽 산책을 하다가 우연히 풀잎에 영롱하게 맺혀 있는 아침 이슬을 만나게 되면서 삶의 희열을 맛보거나, 늦은 시간에 울려 퍼지는 고요한 사찰에서의 범종梵鐘 소리를 들으면서 갑자기 삶의 비애를 느끼기도 한다. 그래서 우리는 항상 어딘가 미지의 먼 길을 떠나고자 하고 그곳에서 어떤 삶의 의미를 찾고자 한다.

최근 들어 우리 문학계에 나타나는 두드러진 현상의 하나도 많은 작가와 시인들이 기존의 관습이나 인습의 굴레에 얽매이지 않고 새로운 세상의 삶을 갈망하며 떠남과 만남을 꿈꾸고 있다는 사실이다.

도연명의 〈귀거래사〉는 이렇게 시작한다. "돌아가리라/ 고향의 전원이 황폐해지려는데 어찌 돌아가지 않으리/ 지금껏 내 영혼이 육신의 노예로 되었다고/ 이 어찌 슬퍼하며 서러워만 할 것인가/ 이미 지난일 탓해봐야 무슨 소용 있겠는가?" 흔히 도연명은 초야에 묻혀 절개를 지키며 살았던 전원시인으로 알려져 있지만, 그러한 삶이 마냥 행복하거나 편안했던 것은 아니다. 그의 작품 세계에는 지조 있는 삶을 살면서도 끊임없이 흔들리고, 번민하는 시인의 모습이 잘 드러난다. 인간의 욕망이란 쉽게 다스리거나 놓아버릴 수 있는 것이 아니다. 복사꽃 피는 이상향으로 가고자 하는 소망은 대체로 현실에서는 쉽게 찾기 어려운 백일몽에 가까운 것이지만, 그런 소망은 오늘도 현실의 고통과 아픔을 위로하고, 어떻게 살아갈 것인가에 대한 위안을 준다. 도연명의 〈귀거래사〉가 오늘날까지 여전히 우리에게 감동을 주는 것도 그 때문이다.

도연명의 〈귀거래사〉가 그렇듯이, 장기오의 〈귀거래사〉에서도 한평생을 살다가 돌아갈 곳을 꿈꾸는 인간의 모습이 그려지고 있다. "벌거숭이로 뛰놀던 바닷가, 크고 작은 선박들이 즐비하게 늘어선 부둣가를 달음박질치는 친구들, 폭격으로 반쯤 파괴되어 기묘한 풍경을 만들어 내던 낡은 미곡창고에서 밤늦도록 숨바꼭질하던 어스름 저녁, 이런 어릴 때의 모습들이 너무나 생생하게 꿈에 나타나곤 했다. 한밤중에 깨어 오랫동안 자지 못한 일도 있었다." 그러한 고향의 어린 시절 모습이 작가에게는 자꾸 떠오른다. 〈가고파〉 노래만 들어도 눈시울이 뜨거워지고 나이가 들어갈수록 우리들 삶의 원형인 고향에 대한 생각은 잊히기는커녕 더욱 간절해지고 더욱 그리워진다. 그곳에는 지난 시간의 회상이 있고 쉽게 망각될 수 없는 상처가 있다.

　어렵사리 찾아간 나의 동심을 추억해 줄 고향의 샛강은 복개되어 주택과 상가들이 즐비하게 들어섰고 어머니가 노점상을 하던 어수룩한 시장은 현대 상가들이 다닥다닥 들어서 있다. 또한 절망의 얼굴로 어머니가 바라보던 어스름 저녁 하늘은 아치형 지붕으로 덮어져 있다. 작가는 그 속에서 어머니의 한과 눈물과 가난을 회상한다. 어린 시절을 보낸 바닷가 마을 찾아간 작가는 지나간 시간과 현재와 미래의 시간을 생각하면서 회한과 탄식의 삶을 회상하고 죽음을 바라본다.

　　회한과 탄식의 일흔을 앞두고 다시 이 바다에 섰다. 내가 죽기로 결심했던 그 등대로 가는 방파제는 없어졌지만 바다 끝에는 전망대가 설치되어 있었다. 그때처럼 파도가 그렇게 거세지는 않았지만 올해 들어 처음 닥친 추위로 인해 파도는 제법 전망대 끝을 때리며 솟아올랐다. 한 편의 글로, 하나의 문장으로 내 이 생애의 섬광 같은 순간들은 다 글 속에 가두어 둘 수는 없겠지만 추억하면 생생하고 아프다. 고향을 떠나본 사람들은 알리라. 고향의 것들은 이미 없어졌다는 것을, 옛날의 그 낡은 여인숙도, 먼지를 뒤집어쓴 채 외롭게 서 있던 구멍가게도 없다는 것을.

　회한과 탄식의 세월을 지나오면서 그리던 고향에 찾아왔지만 고향은 너무도 다른 모습으로 화자를 맞는다. 부모님은 돌아가신 지 이미 오래고 죽마고우들도 모두 떠나가고 돌아온 고향에서 별로 반겨 줄 사람도 없다. 정겨웠던 고향의 풍경은 모두 사라지고 없다. 언제부터인가 고향이란 그리움의 대상으로 남아 있었지만 막상 가보면 허전한 발길을 돌려 다음날 바로 돌아오곤 한다.

그것이 고향이든 아니면 미지의 새로운 곳이든 떠날 때를 알고 떠날 곳을 준비하는 것은 아름다운 일이다. 미물이라 하는 곤충들도 모두 떠나갈 때를 아는데 만물의 영장이라 일컫는 인간들은 떠나갈 때를 모르고 그저 탐욕과 집착에서 시간을 낭비하고 있는 것은 아닌지 모를 일이다. 그래서 도연명은 다시 노래한다. "이제 새삼스레 초조하고 황망스런 마음으로 무엇을 욕심내겠는가./ 돈도 벼슬도 내 원하는 것이 아니니/ 죽어 신선이 사는 나라에 태어날 것도 기대하지 않는다./ (중략) / 맑은 시냇물 바라보며 시를 짓는다./ 잠시 조화의 수레를 탔다가 이 생명 다하는 대로 돌아가노니/ 아흐, 주어진 천명을 즐길 뿐 무엇을 의심하고 망설이랴."

모든 만남이 영원치 못하여 우리는 언제나 헤어짐을 걱정한다. 사는 동안 즐거웠던 기억들을 뒤로한 채 이제 헤어져야 할 시간을 재어야 한다. 우리가 사는 동안 얼마나 많은 인연으로 만남을 이루었던가. 그러나 중요한 것은 만남 그 자체가 아니라 그 만남이 얼마나 기억될 만한 소중한 만남이었던가 하는 것이다. 헤어짐은 다시 또 다른 만남의 시작이듯이, 헤어질 시간이 되면 우리는 지난 만남을 정리하고 새로운 만남을 준비해야 한다. 그러나 만남과 헤어짐 속에는 너무 많은 사연들이 배어 있어서, 생각할수록 가슴 저며 오는 일들이 너무 많아서, 이 기억들은 아픈 상처로 깊이 남게 된다.

우리는 일생 동안 만남과 헤어짐에서 생겨난 상실의 기억과 안

타까움을 지니고 살아간다. 흘러가는 시간 속에 실린 경험들을 지워버릴 수 없기 때문이다. 누가 떠나고 누가 남는 것일까. 우리 모두는 떠난다. 그들의 무엇이 이곳에 남으며 또한 나의 무엇이 남는가. 회자정리會者定離라고 했듯이, 남은 것은 없고 모두가 다 떠난다. 우리들의 만남과 헤어짐은 '낙화'같이 애달프다. 봄날에 찬란하게 꽃 피웠던 꽃잎이 가을이 되면 애절하게 떨어진다. 그리고 우리들도 이 지상에서의 모든 것과 이별해야 한다. 장기오의 〈귀거래사〉는 바로 만남과 헤어짐, 떠남과 헤어짐, 떠남과 돌아옴이라는 우리네 삶의 회한과 슬픔을 여실히 보여주고 있다.

황제의 방

"아버지에게는 방이 없다. 엄마방도 있고 누나방도 있는데 아버지는 방이 없다. 그래서 마루 소파에서 리모컨을 쥐고 주무시나 보다."

어느 초등학생의 일기다.

피곤에 절어 TV를 켜 놓은 채 정신없이 곯아떨어진 아버지의 모습이 눈에 선하다. 그렇다. 아버지에게는 방이 없다. 혼자 조용히 앉아 학창시절에 읽었던 시詩 한 편 반추해 볼 공간도, 내가 남보다 못나 보일 때 속 깊은 울음을 울어 낼 빈방 하나 없다. 그래서 아버지는 비 오는 날이나 황혼이 아름다운 날, 혹은 삶이 쓸쓸해질 때 선술집 같은 데서 혼자 앉아 술을 마시는 것일까. 음악 좋은 카페에서 혼자 앉아 커피 한 잔을 시켜놓고 멍하니 거리를 내다보는 남자 역시, 혼자 있고 싶은 공간이 없는 남자들이다.

옛날 우리네 집에는 사랑채라는 것이 있었고, 가장은 사랑채에서 공부도 하고 손님도 맞았다. 사랑채에서 나는 기침 소리에 집안의 질서가 잡혀갔던 시절이었다. 그러나 현대에 들어오면서 아예 사랑채란 말 자체가 사라졌다.

나는 일찍 아버지를 여의고 외롭고 고단하게 떠돌았다. 셋방에서 셋방으로 전전하면서 집다운 집, 방다운 방을 가져 본 일이 없었다. 단칸방에서 온 식구가 이불 하나에 발만 뻗고 잤고, 밤 10시가 되면 전기가 나가 잠이 오지 않아도 다들 잠을 자야 했다. 게다가 일 년에 한 번씩 이사를 다녀야 했다. 같은 연배인데도 주인집 아들에게는 늘 주눅이 드는 비굴한 처신이 몸에 익었다. 그래서인지 나는 집에 대한 애착이 유별났다. 오죽했으면 결혼식 때 신혼여행도 안 가고, 들어온 축의금을 다 털어 이제 막 터 파기 공사를 시작하는 집을 계약했을까? 생애 처음으로 내 집을 가졌을 때 문패가 걸린 대문을 쳐다보며 감격해 하던 기억이 아직도 생생하다.

그러나 단독주택은 내 직업과는 맞질 않았다. 늘 바깥으로 떠돌다보니 집을 제때 간수할 수가 없었고 아내 역시, 가장 없는 집을 홀로 지키며 애들 키우기란 여간 불편한 것이 아니었다. 다시 어찌어찌하여 이제 막 개발을 시작한 지금의 동네로 이사 왔을 때 참으로 한심하기 짝이 없었다. 허허벌판에 덩그렇게 아파트만 세워진 동네는 비만 왔다 하면 길이고 뭐고 모두가 진탕으로 차가 다닐 수 없을 정도였고 아이들도 장화를 신고 학교를 다녀야 했다. 그러나 나의 감회는 남달랐다. 아이들에게 각각 방 한 칸을 주고 서재까지 꾸밀 방을 가졌으니……. 집이 없어 본 사람들은 알리라, 그 감격을. 생애 처음으로 내 방을 가진 그 날 저녁, 응접실 큰 창으로 저녁 햇살이 비켜들고 바람은 상쾌했다. 아파트 저편 벌판에서 시작된 바람은 들판을 가로지르면서 은사시나뭇잎을 허옇게 뒤집었다. 나무에 앉아 한가롭게 해바라기를 하던 참새들이 놀라 하늘로 치솟았다. 평화로웠다. 그때 라디오에서 빌헬름 박하우스(Wilhelm Backhaus)가 연주하는 베토벤의 피아노 협주곡 5번 〈황제〉가 흘러나왔다. 고개를 뒤로 젖히고 천장을 올려다보면서 한동안 그 음악을 들었다. '아! 여기까지 왔구나.' 지나온 날들이 파노라마처럼 스쳐갔다. 조용하면서도 비장한 2악장이 흘러나오자 나는 갑자기 등골이 서늘해지면서 콧등이 시큰해졌다. 표제음악이 주는 감상인지 몰라도 '나는 황제인가?' 라고 중얼거리는데 갑자기 목이 메어왔다. 그때 아내가 저녁 먹자며 나를 불렀다. '아, 이런 것들이 삶이구나.' 하는 생각을 하면서 일어서는데 '툭!' 하고 눈물방울이 거실 바닥으로 떨어졌다. 나는 얼른 일어나 화장실로 들어가는데 걷잡을 수 없이 흘러내렸다. 한참을 그렇게 울었다.

그 후 몇 번의 이사를 다녔다. 그러나 아이들이 성장하고 우리 부부도 늙어가면서 무언가 불편해지기 시작했고, 내가 퇴직하면서 그 공간도 거북해졌다. 사람의 나이가 60을 넘으면 제가끔 편하게 살고 싶어 한다. 밖에서 안으로 들어온 남자는 아내의 수발을 받으려 하고, 한평생 식구들 뒤치다꺼리를 해온 아내는 이제는 자유롭고 싶어한다. 그런 늙은이들이 하루 종일 같은 공간에 있다는 것은 일종의 고통과 같은 것이었다. 오죽했으면 하루 한

끼도 안 먹는 남편은 '영식 님', 한 끼만 먹는 남편은 '한식 씨', 두 끼 먹으면 '두식이놈', 하루 세끼를 챙겨 주어야 한다면 그는 '삼식이새끼', 거기에다 간식까지 챙겨달라면 '종간나(종일 간식 나오기를 기다리는 놈)새끼'라고 부를까?

 나만의 공간이랍시고 조그마한 원룸을 얻어 매일 출근하다시피 했는데, 이게 매년 전세금이나 월세를 올려달란다. 그래서 그 돈을 빼서 시골로 와 버렸다. 완벽한 나만의 공간이 생긴 것이다. 누구의 간섭도 없이 볼륨을 최대한 올려 내가 듣고 싶은 음악을 들을 수 있고, 목청껏 "아서라, 세상사 쓸 곳 없다. 군불견君不見 동원도리東園桃李 편시춘片時春 창가소부娼家少婦야 웃들 마소." 하며 소리를 냅다 질러도 누가 뭐라 그러지를 않는다. 보고 싶은 책을 밤 새워 읽을 수도 있다. 나는 자유로워진 것이다. 그날, 내가 시골로 이사 온 그 첫날 밤, 나는 감격에 겨워 그 옛날처럼 베토벤 〈황제〉를 볼륨을 최대로 올려놓고 들었다. 나는 비로소 황제의 방에 든 기분이었다.

 (돌고 돌아 여기까지 왔구나. 황제처럼 내가 왔구나.)

 요즘도 나는 노을이 고운 저녁이면 창가에 앉아 〈황제〉를 듣는다. 이만하면 분수 밖이다. 세상은 이미 나를 필요로 하지 않는다. 길가의 민들레가 깊은 산속에서 꽃 피지 않듯이 심산유곡의 거목 역시 갯가에 뿌리내리지는 않는다. 머물 곳을 알아야 제 이름을 지킬 수 있다고 했다.

 나지막한 등선 아래 조그마한 집에 한가롭게 누웠다. 달 뜨면 옛날 생각하며 새벽 안개와 저녁놀과 함께 즐기며 시끄러운 세상

일로 일희일비하지 않으리라. 굴원屈原이 읊었듯이 "물이 맑으면 갓 끈을 빨고, 물이 흐리면 발이나 씻으며" 살리라. 늙은 소나무처럼, 이끼 낀 바위처럼 그렇게 살리라. 이쯤, 여기에서 내 생의 순례를 마쳐도 좋으리라.

두 번째 단락

여의도의 고독

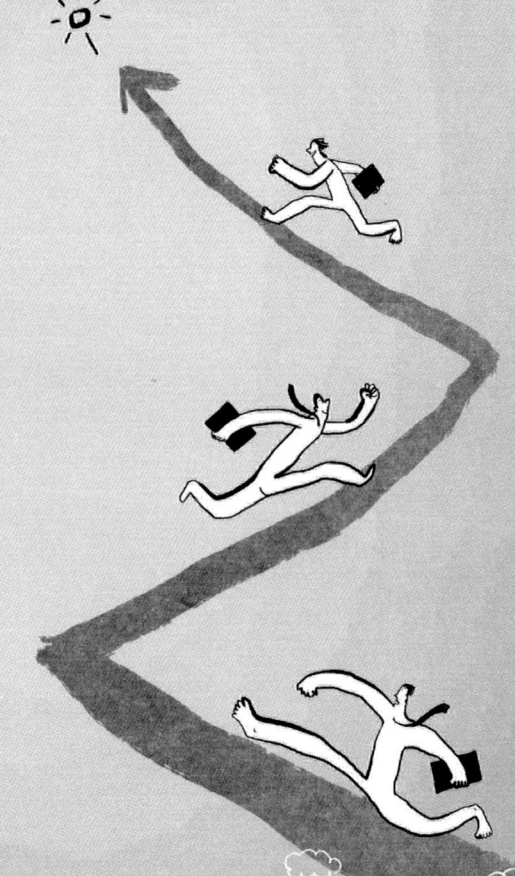

갈대밭의 들고양이

나는 러시아가 보고 싶었다. 카츄샤가 하나의 점처럼 걸어갔을 끝없는 설원이 보고 싶었고, 활활 타는 페치카 앞에서 독한 보드카에 취하고 싶었다. 저물어 가는 태양이 쏟아내는 빛줄기로 어스름 지는 백야의 슬픈 하늘도 보고 싶었고, 도스토옙스키, 톨스토이, 푸시킨의 생가나 동상 앞에서 그들의 문학을 기억하고 싶었다. 폭설이 쏟아지는 모스크바 거리를 지바고처럼 호주머니에 손을 넣고 어슬렁거리고도 싶었다.

그러나 러시아는 당시엔 갈 수 있는 나라가 아니었다. 베르린 장벽이 무너진 것은 1989년이었으니까 88년에는 소련과는 국교가 없었다. 그때 아나톨리 김이라는 한국계 소련 작가의 작품 ≪갈대밭의 들고양이≫라는 소설이 국내에 소개되었다. 이 소설은 스탈린 시절 사할린에서 중앙아시아로 강제 이주 당한 고려인들의 삶과 고난을 그린 소설이었다. 당시 나는 전작前作의 성공에 고무되어 무언가 작품성 있는 대작을 찾고 있고 있던 중이었기에 안달이 났다. 출판사에 연락을 하고 그 작품이 번역된 배경과 경로를 문의했다. 그때 사회 분위기도 올림픽을 성공적으로 치르고 난 후라 국민 모두가 한껏 높아진 국격國格에 가슴 뿌듯해하며 이제 우리도 무언가 의미 있고 무게 있는, 국제적으로 주목받을 만한 작품을 갈망하고 있는 그런 분위기였다. 따라서 미수교국 소련을 배경으로 드라마를 제작한다는 것은 성사만 된다면 굉장한 반응을 불러일으킬 수 있는 대형 프로젝트였다.

일본을 통해서 들어가는 방법이 있었다. 우여곡절이 있었지만 우리는 어쨌든 일본을 거쳐 사할린으로 들어갔다. 하바로스크 공항에는 KGB요원이 우리를 맞아주었다. 12월의 그곳은 이미 백색이었다. 시도 때도 없이 눈발이 휘날렸고 한번 내리면 눈을 뜰 수 없을 만큼 퍼부었다. 우리는 그들이 지정해 주는 식당, 그들이 예약한 호텔에서 잤지만 추워서 제대로 잠을 잘 수도 없었고 빵은 딱딱해 잘 씹히지 않았다. 그런 와중에서도 우리는 부지런히 사할린 동포들의 생활과 그들의 삶을 취재했고 며칠 후 우리는 모스크바행 비행기에 몸을 실었다. 영원히 못 가볼 것 같았던 나라, 소련, 모스크바, 붉은 광장 등등 나는 가슴이 벅찼다.

우리를 통역하고 안내해준 사람은 박 와짐이라는 모스크바 대학 교수였다. 그를 통해 우리는 쉽사리 아나톨리 김과 접촉할 수는 있었지만 만남은 쉽게 이루어지지 않았다. 우리는 서두르지 않았고 그동안 다소 느긋하게 모스크바 거리를 관광했다. 두터운

외투를 입고 어두운 얼굴들을 한 사람들이 볼쇼이 발레를 보기 위해 매섭게 휘날리는 눈보라를 맞으면서 100미터씩 유령처럼 줄을 서 있었다. 치약 하나, 빵 한 조각을 사기 위해도 그들은 여러 겹의 꾸불꾸불 줄을 섰지만 몇 개 안 되는 물건이 금세 동이 나도 그걸로 불평하거나 부끄럽게 여기질 않았다. 그러면서도 그들은 밤이 되면 모스크바 필의 연주를 감상하러 낡은 코트를 걸치고 극장 앞에 다시 줄을 섰다. 그들은 가난했지만 문화에 대한 긍지는 대단해 보였다. 도스토옙스키가 시베리아 벌판 끝자락에서 추위와 굶주림에도 끝내 희망을 버리지 않았듯이 오늘을 사는 그들 역시 그러한 듯했다.

우리는 KGB 요원에게 옆구리에 돈을 찔러 주고 비공식적으로 소련의 저항 문화인들이 펼치는 공연을 관람했다. 꽤 비싼 입장료였는데도 불구하고 좌석은 빈자리가 없을 정도로 꽉 찼고 실내는 뜨거운 열기로 후끈거렸다. 스탈린 시대의 한 저항 가수라고 소개된 여가수는 눈물을 글썽거리며 노래를 했고 관객들은 10여 분 동안 기립박수를 보냈다. 혁명과 배반, 그리고 무자비한 숙청이 교차한 역사였지만 예술은 이렇게 면면히 이어지고 있었다.

그러던 어느 눈 오는 저녁, 아니 저녁이 아니라 깊은 밤이었다. 연락이 왔다. 우리는 모스크바 근교 술집에서 아나톨리 김을 만났다. 콧수염이 근사한 그는 어눌한 우리말이었지만 그런대로 의사소통이 가능했다. 그는 연신 보드카를 들이켜면서 문학에 대한 열정을 이야기했고, ≪갈대밭의 들고양이≫에 대한 집필 동기와 에피소드들을 이야기할 때는 페치카에 불빛에 반사되어서인지는 알 수 없지만 그의 눈에 눈물마저 비쳤다. 창밖으로는 쉼 없이 함박눈이 쏟아지는데 뜨거운 페치카 앞에서 보드카를 마시며 문학과 역사를 이야기하는 우리들은 마치 소설 속의 한 장면처럼 낭만적이었다. 우리는 의기투합해 어깨동무를 하고 소리 높여 〈아리랑〉을 불렀다. 밤을 새웠다. 원작의 승인은 무사히 끝났다.

이제 제작이 남았다. 작가에게는 각색의 과정이, 나에게는 연출과정이 남았다. 그러나 이 작품은 거의가 소련에서 촬영되어야 했다. 우리는 소련 최대의 촬영소인 모스(moss)필름을 찾아 합작을 논의했고 그들은 당국의 허가만 있으면 비행기든, 기차든 원하는 모든 것을 협조하겠다는 답변을 주었다. 그러나 소련 당국은 드라마 극본의 사전검열 없이는 합작이 있을 수 없다는 입장이었다. 자국에 불리한 내용은 불허한다는 일종의 방어선이었다. 어느 나라든 합작인 경우는 대개가 그러하다. 더구나 스탈린 시대의 강제이주를 배경으로 펼쳐지는 드라마가 소련에 유리할 리가 없다. 우리는 소련의 경제 사정이 어려우니 만큼 돈으로 해결할 수 있지 않겠느냐는 희망을 가지고 있었으나 체제에 관한 한 요지부동이었다. 일단 그렇게 약정을 하고 귀국했다.

그런데 당시 드라마 담당국장은 다음 해 8·15 특집극으로 그 드라마를 편성해 버렸다. 방송까지 약 7개월 남짓한 동안 한국어 대본이 나오고 그 대본을 다시 소련어로 번역해 소련 당국의 승인을 얻고 연출에 관한 제반사항의 협조를 구하기에는 시간이 턱없이 부족했다. 순조롭게 진행되어도 최소 2년, 최대 3년은 걸리는 프로젝트였다. 나는 불가함을 주장했다. 그러나 국장은 자기

임기 동안 실적을 올릴 욕심으로 강하게 밀어붙이면서 부정적인 의견을 가진 연출자인 나를 교체해버렸다. 다시 원점에서 시작되었다. 새로 연출을 맡은 연출자는 다시 소련으로 들어가 아나톨리 김을 만났다. 그는 어리둥절했다. 누가 진실인지 알 수 없다며 내게 편지를 보냈다. 그렇게 급하게 서둘러 진행을 했지만 8·15 특집극으로 방송되지 못했을 뿐만 아니라 제작 자체를 영영 하지 못하고 말았다.

나와 아나톨리 김과의 인연은 그렇게 끝났다. 그가 몇 번 한국에 들어오긴 했지만 그는 나를 찾질 않았다. 후임 연출자가 그에게 무슨 말을 어떻게 했는지 알 수는 없었지만 아마 그는 내가 그에게 거짓말을 했거나 사기를 친 것으로 판단한 것 같았다. 그해 나는 그 국장에 의해 근무평점 최하점을 맞고 진급에서 탈락했다.

갈등의 시대

　　울음바다였다. 젊은이들은 주먹으로 책상을 내리치며 분노를 삭이지 못했고, 여사원들은 손수건으로 얼굴을 가리고 구석에서 흑흑거렸다. 한 회사가 문을 닫는 날이었다. 자의가 아닌 타의에 의해 문을 닫아야 하는 비극적인 상황이었다.

　회사는 전 직원들에게 마지막 파티를 열어주었다. 사장 이하 전 직원 모두가 술에 취해 얼굴이 벌게져 서로 껴안고 울고, 돌아서서 울고, 화장실에서도 서로 붙들고 울고 모두가 눈물에 젖어 있었다.

　그런 참담한 상황에서 우리는 황당한 명령을 받았다. 지금 당장 짐을 옮기라는 것이다. 당하는 입장은 조금도 배려하지 않는 잔인한 처사였다. 점령군처럼 쳐들어 가서는 곤란하다고, 그들의 지금 심정을 조금은 헤아려야 한다고 목소리를 높였고, 가더라도 며칠 사이를 두고 천천히 들어가야 한다고 건의를 했다. 그러나 어림없는 이야기였다. 기세등등하게 부임한 새 사장은 오히려 우리들의 건의를 비웃으면서 쓸데없는 소리 말고 지금 당장 짐을 옮기고, 내일부터 그 건물에서 근무하라면서 내일 아침 그 건물에서 직원조회를 하겠다고 못박았다. 그런 명령이 내려옴과 동시에 이삿짐 트럭이 줄줄이 들어섰고 우리들은 내키지 않는 걸음으로 이삿짐을 꾸려 싣고 여의도 동쪽으로 달려갔다. 그러나 상황은 우려했던 것보다 더 심각했다. 직원들 누구 할 것 없이 모두 술에 취해 고함을 지르고 의자를 던지고 심지어는 기물파손까지 서슴지 않았다. 들어갈 엄두가 나지 않았다. 일부 직원들은 트럭 앞으로 달려와,

"이 새끼들, 뭐야. 이 새끼들, 안 나가!" 하며 엉겨붙었고 우리는 슬금슬금 피할 수밖에 없었다. 짐은 트럭에 그대로 방치되어 있었고, 더 격화되면 트럭에 불이라도 지를 기색이었다. 까딱하다가는 큰 불상사도 예상되는 상황이었다. 난감했다. 적진 돌파하듯이 할 수도 없고 마땅한 방법도 없었다. 우리는 이들의 분노가 가라앉아야 가능하겠다고 생각해 근처 다방으로 일단 피신을 했다. 고참들은 너희들이 알아서 하라며 집으로 가버렸고 조연출 몇 명이 남았다. 우리는 그렇게 설왕설래하면서 두어 시간을 보냈다. 잠시 후 나는 상황을 살피러 나왔는데 아까보다는 많이 조용해진 것 같았다. 술 취해서 소리 지르는 사람도 없고, 직원으로 보이는 몇몇 사람들만 왔다 갔다 했으며, 이삿짐도 별 탈 없이 마당에 대기하고 있었다. 나는 우선 내 짐만이라도 사무실에 올

려놓을 작정으로 대충 추려 현관으로 들어가는데 수위실 안에 눈이 벌겋게 충혈되어 나를 노려보는 놈이 하나 있었다. 기분이 찜찜했지만 곁눈질로 살피면서 한 발자국, 한 발자국 조심스럽게 옮기는데 녀석이 갑자기 일어서더니 테이블 위에 있던 맥주병을 들어 나를 향해 던지는 거였다. 순식간의 일이지만 나는 엉겁결에 고개를 앞으로 숙였다. 순간 내 머리 뒤로 맥주병이 깨지는 소리가 '퍽' 하면서 났다.

"시팔놈의 새끼들! 왜 남의 집에 들어오는 거야. 안 나가! 나가! 이 새끼야." 내가 거기에 말대답이나 기분 나쁜 시선을 보냈다가는 몰매를 맞을 지경이었다. 나는 혼비백산하여 그대로 도망쳐 나와 버렸다.

1980년대 언론 통폐합 때 일이다.

민영방송(TBC, DBS, 기독교 방송 등)이 공영방송(KBS)으로 강제로 통폐합되었다. 강제로 합쳐지긴 했지만 갈등은 한동안 계속되었다. 가령 드라마 녹화 시 NG가 나면 민방 출신의 카메라맨이라면 "에이 시팔, 왜 이래. 연출, 좀 잘 해." 하면서 비아냥거렸다. 심지어 일부러 NG를 내는 경우도 있고 피곤하다며 고의적으로 태업하는 경우도 있었다. 연출가들도 서로가 물과 기름처럼 어울리지 못하고 겉돌고 있었다. 아무런 죄도 없이 죄인이 되어버린 KBS 쪽 사람들은 그저 그러려니 하고 웃으며 참고 달래며 조심스럽게 하루하루를 이어갔다.

나는 당시 조연출이었지만 이미 연출 일을 하고 있었다. 말하자면 야외 촬영 같은 것도 연출자가 콘티 짜는 일로 바쁘거나,

다른 사정이 생겨 못 할 경우 나는 야외촬영에다 편집, 더빙까지 해왔다. 서로 앙금이 가시지 않은 채 어색한 동거를 한 지 한 달 남짓 했을까? 내가 모시던 연출자가 고정 프로를 맡고 있으면서 또 특집프로를 맡았다. 그 바람에 고정 프로의 야외촬영 전부를 내가 맡지 않을 수 없었다. 촬영의뢰서를 갖고 카메라맨 배정을 받으러 그들 사무실로 갔을 때 분위기가 이상했다. 이미 그들은 내가 촬영 나간다는 것을 소문으로 알고 있는 듯했다. 사무실 한 구석에서 들으라는 듯 한마디가 튀어 나왔다. "우리는 연출자 아니면 촬영 안 합니다!" 나는 못 들은 척 나왔다. 연출도 연출 나름이다. 나는 이미 어지간한 연출자 이상으로 잘하고 있었고 조만간 연출로 데뷔할 위치에 있었다. 자존심이 상했다.

이튿날 아침 나는 카메라맨을 데리고 연기자와 함께 현장에 도착했다. 서둘러 연기자들 분장을 마치고 카메라 포지션도 정하고 '레디 고'를 부르려는데 카메라맨이 그랬다. "연출은요?" 내가 그랬다. "내가 연출입니다." "나는 조연출과는 일을 하지 않습니다. 연출을 부르십시오." 나는 다시 한 번 말했다. "내가 연출자입니다." 그는 나를 비웃듯이 힐끗 보더니 버스 속으로 들어가 버렸다. 출연 배우는 당시 '트로이카'로 불리는 스타들로 몹시 바쁜 배우들이었고 오후에는 영화 스케줄이 잡혀 있었다. 오전에 끝내지 않으면 안 된다. 나는 버스 속으로 따라 들어가 사정 이야기를 했다. 그러나 그는 요지부동이었다. 한 시간이 그냥 흘렀다. 이제 시작한다 해도 분량을 찍기에는 시간이 부족했다. 나는 카메라맨을 향해 냉정하게 말했다. "방송펑크의 책임은 당신이 지시오."

그는 빙그레 웃으며 받아쳤다. "나는 원칙대로 했을 뿐이오." 나는 철수했다.

방송국에서는 난리가 났다. 카메라담당국장이 나를 찾아와 사정을 했다. 카메라맨을 바꾸어 줄 테니까 촬영 나가라고. 자존심이 상한 나는 카메라맨이 한 이야기를 그대로 들려주었다. "나는 연출자가 아닙니다." 담당 연출자도 몸이 달아 나한테 통사정을 했다, 그 카메라맨을 반드시 인사조치시킬 테니까 내일 새벽에 촬영 좀 해달라고. 그야말로 애원하다시피 했다. 선배의 간청을 물리칠 수 없어 이튿날 새벽 나는 KBS 출신 카메라맨과 촬영을 했다.

이런 갈등은 상당 기간 계속되었다. 이념에 있어서도 민방 출신들은 시청률을, KBS 출신들은 작품성을 추구하는 등 확연하게 구분되었고 제작방법에서도 서로가 옳다고 버티며 상대를 이해하려 들질 않았다. 동업자의식보다는 소속사별로 패가 갈려 서로 적대시하고 물과 기름처럼 따로 놀았다. 조그마한 잘못이라도 있으면 트집을 잡고, 태업을 하고, 비웃고 시비를 걸었다. 이런 기류는 한 5-6년 계속되었고 SBS가 생기면서 민방 출신들은 대개 그리로 옮겨감으로써 비로소 잠잠해졌다.

인위적인 조직 개편이 만든, 불편한 시대의 소모적인 갈등이었다.

박제가 되어버린 천재

그는 지독한 근시였다. 신문을 코앞에 들이대고 읽을 정도였다. 그는 또 지독한 술꾼이었다. 술이 그를 외롭게 만들었는지, 그의 외로움이 그를 술꾼으로 만들었는지는 확실치 않지만 어쨌든 그는 거의 매일 술을 마셨다. 그는 언제나 혼자서 점심을 먹었다. 남들이 점심을 먹고 들어오는 1시경에 혼자 어슬렁어슬렁 나간다. 그리고는 3시경쯤에 술이 잔뜩 취해서 들어오곤 했다. 그러고는 그는 신문지로 얼굴을 덮고 소파에 누워 5시경까지 잔다. 남들이 퇴근하는 시간에 일어나 그제야 일을 시작한다.

그에게 말을 거는 사람은 없다. 간혹 업무로 상의를 할라치면 그는 아주 퉁명스럽게, 마치 시비 걸듯이 대꾸했다. 그래서 직원 누구도 그와의 대화를 꺼렸다. 사무실에서 그와 대화할 동료들은 이미 승진하여 다른 곳으로 속속 빠져 나갔고 후배들만 남은 사무실에서 그는 절대 고독자처럼 입을 닫고 자기 할 일만 했다. 그 누구도 그가 하는 일에 이래라 저래라 간섭하는 일이 없었다. 그는 종종 창가에 서서 석양에 저물어 가는 여의도를 망연히 바라보고 있을 때가 많았다. 무슨 생각을 그리 골똘히 하는지 30분씩이나 꼼짝도 안 하고 서 있을 때가 있었다. 가끔 고개를 돌려 사무실을 돌려보는데 그의 두꺼운 안경이 햇살에 반사되어 차가운 광물질처럼 번쩍거렸다. 슬프고 고독해 보였다. 삶이 저렇게 적막해서 어떻게 하냐며 걱정을 하면서도 그 외로움이 나에게 옮겨와 나도 모르게 우울해지곤 했다. 그는 나와는 장르가 달라서 서로 만날 일이 없는데도 불구하고 그는 우리 사무실에서 더부살이를 하고 있었다. 그쪽 사무실 업무가 확장되고 인원이 많아져 사무실이 비좁아지자 스페이스 여유가 조금 있는 우리 사무실로 그를 보내 버린 것이다. 그러나 그는 그런 일로 불평하거나 항의하지는 않았다. 오히려 홀가분해했다.

사실 PD라는 직업은 출근을 하든, 집에서 놀든, 맡은 프로만 잘 만들면 누구도 이래라 저래라 간섭하질 않는다. 어떻게 보면 대단히 편안한 작업처럼 보이지만 프로그램이 기대에 못 미치면 상당히 견디기 어려운 직업이다. 그는 그 장르에서는 대단히 유능한 PD로 인정받았다. 그런데 어쩐 일인지 그는 메이저 프로를 맡아보질 못하고 늘 변두리 프로로만 빙빙 돌았다. 주위의 말로는 고분고분하지 못한 그의 성격 탓이라고 했다. 이미 상사가 되어 버린 그의 입사 동기들한테 걸핏하면 대들고 입바른소리를 해서 미움을 받았기 때문이라고도 했다. 그러나 그가 만드는 'TV미술관'이라는 프로는 비록 심야 시간대에 방송되었지만 상당히 잘 만들었다는 평을 받고 있었다. 혹자는 'TV 문학관'과 쌍벽을 이루는 프로라고까지 칭찬을 했다. 미술계에서의 반응도 상당히 좋았다. 실제로 내가 그의 프로를 본 일이 있는데 그의 재기가 번뜩거렸고 그의 미술에 대한 지식도 상당해 보였다. 한마디로 불우한 천재라는 생각이 들었다.

어느 날부터인가 아침에 출근해 보면 사무실 소파에서 쪼그리고 자고 있는 그의 모습이 자주 눈에 띄었다. 그가 하는 프로가 밤을 새울 만큼 바쁜 프로도 아닌데 의아해 주위 사람들에게 물어봤더니 가정불화가 심각하다고 했다. 그는 S대학을 나왔고 그의 부인과는 캠퍼스 커플이었다. 자존심 강한 그의 부인은 그의 무능을 못 참아 했다. 하루가 멀다 하고 말다툼을 하고 집에 안 들어가고 부인은 부인대로 밖으로 돌고 가정은 말이 아니었다.

그는 점심 먹으러 나가면 이제는 저녁때가 되어야 술이 잔뜩 취해 돌아오는 일이 잦아졌다. 그리고 일은 남들 다 퇴근해 버린 사무실에서 혹은 편집실에서 혼자 밤을 새우곤 했다. 그전보다 더 외톨이가 되었다. 누가 자기 흉을 보든 말든 그는 자기 방식대로 살겠다는 듯이 그 전보다 더 말을 아꼈고 눈빛은 더 형형해졌다. 감히 누가 말을 붙일 수 없을 정도였다.

어느 날 아침, 출근해 보니 사무실 분위기가 흉흉했다. 그가 12층 아파트에서 뛰어내렸다는 것이다. 그날도 부인과 말다툼을 하다 충동적으로 아파트 베란다로 뛰어나가 바로 몸을 던졌다는 것이다. 통상 직원이 사망하면 방송국 마당에서 노제도 지내고 동료들이 관을 들고 망자가 일하던 사무실도 한바퀴 돌아나가는데 그는 직장동료들과 사귐도 성글어 빈소도 썰렁했고 노제도 없이 병원 영안실에서 쓸쓸히 화장터로 향했다. 단지 그와 절친했다는 친구 하나가 술에 잔뜩 취해 그의 영전에 엎어져 대성통곡을 하며 울부짖었다고 했다.

"야! 이 새끼야. 네가 천재냐? 네가 천재냐고? …… 왜 이렇게 일찍 가는 거냐, 엉! 이 나쁜 새끼야!"

그는 직업을 잘못 택한 것일까. 아니면 그의 천재성을 발휘하지 못하게 한 그 어떤 것들이 그를 그렇게 만든 것일까. 그도 저도 아니면 미숙한 반항아였을까. 가끔 그가 생각난다. 그리고 이 비정한 사회를 생각하고, 경쟁에 이기지 못하면 곧 도태당하는 PD 사회를 생각한다. 그가 만약 평범한 직장인이었다면 행복한 삶을 살았을까? 그럴지도 모른다는 생각을 한다.

PD사회는 연륜이나 경력이 중요한 것이 아니다. 갓 입사한 신입사원과 20년, 30년 된 고참 PD가 맞붙는다. 거기에는 어떤 프리미엄도 없다. 누가 프로를 더 잘 만드느냐만 있다. 그래서 진급도 하고 모두들 하고 싶어 하는 프로를 연출한다. 반대로 프로를 잘 만들지 못하면 제대로 된 대접을 받지 못한다. 그래서 한번 처지기 시작하면 낙인이 찍혀 일생 동안 좀처럼 만회할 기회가 주어지지 않는다. 일반 직장에서는 찾아볼 수 없는, 서열이 뒤바뀌는 일들이 비일비재하다. 그래서 이 악물고 프로를 만든다. 살기 위해서. 그러다 보니 PD들에게는 동료의식이 부족하다. 옆 자리에 앉은 후배 PD도, 입사 동기도 엄밀히 보면 경쟁자다. PD들은 고독하다.

그는 끝내 그 고독을 극복하지 못하고 스스로 목숨을 끊었다. 나는 그가 능력을 제대로 발휘할 프로를 만들지는 못했지만 그가 천재라는 생각에는 지금도 변함이 없다.

박제가 되어버린 천재. 나는 그를 그렇게 부른다.

스타트 라인에 선 마라토너의 불안

⋮

TV 드라마와 영화는 영상매체다.

그러나 같은 영상이라도 그 느낌은 다르다. 수백만 명을 동원한 몹신(mob scene) 같은 장면은 TV보다는 영화가 제격이다. TV에서는 영화만큼 감동적이질 않다. 옛날보다는 TV화면이 많이 커졌다고는 하지만 시청거리가 고작해야 2~3m 내외인지라 수많은 사람들이 나와 어지럽게 움직이면 집중력이 떨어진다. 대신 TV는 인물 위주의 스토리에 더 치중한다. 말하자면 재미있는 이야기에 더 치중한다는 말이다. 따라서 같은 영상문화이고 두 매체 다 카메라라는 기계에 의존하지만 기법에 있어서는 상당한 차이가 있다. 영화는 풀사이즈(full size) 위주지만 TV는 주로 클로즈업(close up)을 주 사이즈로 채택한다. 반면 연극과 TV는 대사 위주로 이야기를 풀어 가지만 연극은 주로 관념적이고 철학적이고 상징성이 강한 반면, TV드라마 대사는 일상적이거나 멜로적이다.

비슷비슷한 것 같으면서도 이런 차이는 연출 패턴을 바꾸어 놓는다.

내가 라디오 드라마 연출을 하다가 TV 드라마 연출자로 자리를 옮겼을 때 그런 분야에 관한 한 거의 백지 상태였다. 라디오는 연출과 녹음기사, 그리고 성우들만 모여서 한번 리딩(reading)하고 녹음에 들어간다. TV드라마 제작 방식은 거의 영화와 유사하다. 단 한 사람이 나와도 스태프는 수십 명이나 된다. 처음에는 무엇이 어떻게 돌아가는지 도대체 감을 잡을 수 없을 만큼 복잡했다. 사전에 체크해야 할 것도 한두 가지가 아니었다. 그중에서 조연출의 가장 중요한 임무는 녹화 스튜디오에서의 연기자에게 연기 지시, 즉 큐(cue)를 주는 일인데 이것은 드라이 리허설에 참석하지 않으면 연기자의 동작선(direction)을 알 수 없고, 이를 모르면 큐를 줄 수가 없다. 특히 초보 조연출은 반드시 이 과정을 꼼꼼히 체크해야 한다. 그러나 조연출이 이 리허설에 참석하는 일이 거의 없을 만큼 녹화 전에 준비해야 할 일이 너무 많았다.

TV초창기의 연출자들은 두 그룹이었다. 하나는 주로 연극계서 활동하던 분들이었고, 다른 하나는 영화계에서 조연출 생활을 하던 분들이었다. 연극 쪽에서 오신 분들은 연세가 비교적 많은, 경력이 수월찮게 쌓인 분들이었고, 영화계에서 오신 분들은 비교적 젊은 분들이었다. 연출 방식도 확연하게 차이가 났다.

내가 첫 번째 모신 분은 연극 쪽에서 오신 분인데 성격도 괴팍하고 변덕도 심해 대부분이 기피하는 인물이었다. 전입신참인 나는 찬밥 더운 밥 가릴 처지가 아니었던 만큼 두말 않고 그의 조연출 생활을 시작했다. 듣던 대로 그 선배는 괴팍했다. 우선 연출이 상식을 뛰어넘었다. 도대체 이해가 가질 않았다. TV세트는 'ㄷ 자' 세트가 기본인데 이 선배는 'ㄱ자' 세트를 짓는 거다. 두 사람이 마주보고 앉아 이야기를 하는데 두 사람 중 하나는 대사를 할 때 상대를 보고 이야기하는 것이 아니라 돌아앉아 대화를 하는 것이다. 그 이유는 자기 뒤쪽에 가름막 벽이 없는 사람이 정상적으로 마주앉아 있으면 벽이 없는 방에 앉아 있는 꼴이 되고 말기 때문이다.

나는 숱하게 헤맸다. 누구에게 어떻게 큐를 주어야 하는지 알 수가 없었다. NG가 수도 없이 났다. 연출자에게 욕도 많이 얻어먹었다. 그렇게 이해가 안 되는 연출인데도 방송이 나갈 때는 정상적이었다. 나중에 알고 보니 이게 바로 '이미지 라인, 혹은 매직 라인' 이라는 것이었다. 두 사람의 클로즈업만 잡은 상태에서 서로 바라보는 시선만 맞으면 정상적으로 서로 마주보고 이야기하는 화면이 되는 것이다. 그렇게 하나하나 알아가던 중 아주 중대한 사건이 발생했다.

그렇게 한 작품을 끝내고 두 번째 작품, 첫 촬영날이었다.

원주 어느 마을에서 첫 촬영을 하는데 연출자가 연기자를 배치하고 첫 신, 첫 장면의 레디 고를 부르고 난 다음이었다.

"아이, 왜 이리 피곤하지." 하면서 뒤통수를 만지는 것이었다. 모두들 놀라서 물었다.

"감독님, 어디 아프세요?"

"아니, 아픈 건 아니고……. 어이 너, 이리 와봐."
나를 가리키는 것이다. 나는 뭐 잘못한 게 있나 싶어 순간 바짝 얼어 그의 앞으로 다가갔다.
"너 말이야, 이 나머지 분량 네가 찍어."
"예?" 나는 손사래를 치며 저만치 달아났다. 그러나 연출자는 다시 엄중히 나를 불렀다.
"너 이리 못 와?" 나는 주뼛주뼛 다가갔다.
"너, 이거, 마저 찍어. 나는 여관에서 좀 쉬어야겠어." 그리고는 뒤돌아서서 자가용을 가지고 온 연기자 하나를 부르더니 차를 타고 가버렸다. 몸이 불편하다는데 어쩔 수 없는 일이지만 너무 황당했다. 아니 하늘이 노랬다. 잠시 후 정신을 차린 나는 그랬다.
"콘티 짤 시간, 한 시간만 주십시오." 연기자들은 제각기 편한 자리로 흩어졌다. 나는 현장 주위를 수십 번 돌면서 콘티(연출대본)를 짰다. 어떻게 찍었는지 기억도 나지 않았지만 어쨌든 나는 그날 분량을 다 찍었다. 땀범벅이 되어 여관으로 돌아오니 더 큰 일이 기다리고 있었다. 여관 주인이 연출자라는 분이 주는 거라며 쪽지를 주었다. 어렵쇼, 연출자는 나에게 나머지 분량을 다 맡기고 서울로 올라가 버렸다. 나는 2박3일 동안 잠 한숨 자지 못하고 밤에는 콘티 짜고 낮에는 촬영을 했다. 악몽과도 같았다. 제대로 찍은 것인지 어쩐지 나도 몰랐다. 우선 분량을 다 채운 것만도 다행이라 여겨졌다. 이렇게 나는 아무런 사전 지식도, 예고도 없이 연출을 시작했다.
그렇게 악몽 같은 촬영을 간신히 끝내고 돌아오니 선배 연출자는 "네가 찍었으니까 네가 편집하고 더빙(연기자 목소리 넣는 작업, 당시는 동시녹음이 아니었다.)해." 하고 아주 냉정하게 명령하는 것이다.

그 이후 그 선배는 전적으로 나에게 야외촬영, 편집, 더빙 등 일체의 일을 맡기고 본인은 스튜디오 연출만 했다. 대본이라도 일찍 나오면 몰라도 대본도 야외촬영 가는 당일 새벽에 나오는 일이 거의 비일비재했다. 야외 촬영 내내 나는 콘티 짜느라 밤을 꼬박 새우고 낮에는 촬영하느라 하루 종일 개 뛰듯 뛰어다녔다. 그런데도 불구하는 눈 한번 붙여 보려고 하면 잠은 천리만리 달아나고 머릿속에는 온통 촬영 걱정뿐이었다. 당시 나는 그 선배가 엄청 원망스러웠지만 감히 항의조차 하질 못했다. 그 선배는 나를 그렇게 조련시켰다.

30여 년의 기나긴 내 연출의 여정은 그렇게 불안하게 시작되었다.

삶은 그렇게 계속되었다

내가 두 번째로 모신 선배는 영화 쪽 일을 하다 방송국에 들어온 분이었다. 그는 영화에 상당한 애정을 가지고 있었고 연출 방식도 다분히 영화적이었다. 대개 스튜디오 위주인 드라마 제작 시절에 가능한 한 스튜디오 녹화를 지양하고 야외촬영을 고집했다. 매주 한 편씩 나가는 주간 단막드라마를 그런 식으로 제작하기 위해서는 남들보다 두 배의 노력은 당연한 일이지만 촬영 방식의 노하우도 남들과 달라야 했다. 일주일 내내 헌팅이다, 촬영이다, 편집이다 하면서 일요일까지 야근을 해야 하는 강행군을 했고, 조연출인 나도 당연히 그와 함께 그렇게 할 수밖에 없었다. 그러나 나는 그를 통해 영화적인 기법들을 배울 수 있었다.

야외촬영은 우선 시간이 많이 걸린다. 스튜디오 녹화는 카메라

3대를 ㄷ자 세트 앞에 나란히 세워 놓고 탤런트들의 표정과 연기를 담아 그 자리에서 음악과 자막을 넣어 완성품을 만드는 시스템이다. 카메라 움직임도 줌 인(zoom in), 줌 아웃(zoom out), 카메라의 높낮이 정도를 수정하는 정도다. 그래서 주간연속극 2편을 이틀 만에 제작 완료한다. 따라서 제작비도 적게 든다.

　그러나 야외촬영은 다르다. 사방이 확 트인 야외에서는 카메라가 어디든지 갈 수 있다. 야외촬영의 목적은 답답한 스튜디오를 벗어나 수려한 풍광을 배경으로 멋지고 아름다운 그림을 만들어 낼 수 있다는 데 있기 때문에 연출자들은 흥분한다. 멋진 그림을 담아낼 욕심으로 무리한 연출을 시도하는 경우가 비일비재하고 이는 작품의 실패로 이어지기도 한다. 또 카메라 한 대로, 영화 촬영방식으로 찍기 때문에 시선 방향을 놓쳐 '이미지 라인'이 다른 엉터리 작품이 나오기도 한다. 그런 제작방식 때문에 제작시간이 많이 걸린다.

　주간 단위로 편성되는 TV드라마 속성상 방송시간 안에 무슨 일이 있더라도 작품을 완성해야 한다. 거기에는 어떤 변명도 통하지 않는다. 일주일 내내 비가 와 야외촬영을 못 했다면 대본을 고쳐 스튜디오 녹화로 변경해서라도 지정된 시간에 방송을 내보내야 한다. 이런 특성 때문에 정해진 분량을 얼마만큼 단시간에 효과적으로 찍을 수 있느냐가 연출의 역량으로 평가된다. 여기에 바로 야외촬영의 노하우가 있다.

　스튜디오 제작은 보통 드라마 순서대로 녹화를 한다. 어떤 장소에서 갑과 을이 이야기를 하고 있다면 카메라 3대가 번갈아 가면서 인물을 잡아가면서 그 신을 다 끝낸다. 그러나 야외촬영에서는 그렇게 할 수가 없다. 카메라 한 내로 장소에 따라, 사람에 따라 순서가 왔다갔다 한다. 'A'라는 장소에서는 그 장소에 등장하는 모든 인물을 다 찍은 다음에 'B'라는 다른 장소로 옮겨 촬영한다. 인물도 '갑'이라는 인물로 시작했으면 '갑'이라는 인물을 다 찍고, 다시 카메라 포지션을 옮겨 '을'이라는 인물을 촬영한다. 또한 바쁜 배우나 부득이한 사정으로 미리 찍어주어야 할 경우가 생기면 이런 사정도 배려 안 할 수 없다. 이를 흔히 '뽑아 찍기' 혹은 '사전 촬영'이라고 한다. 이렇게 오락가락하면서 촬영을 하기 위해서는 첫 번째 요건이 완벽한 연출 플랜이 짜여 있어야 한다. 스튜디오 녹화에서 10분 정도 걸리는 신이 야외에서는 보통 3~4시간씩 걸리기도 한다.

연출 기법은 크게 두 갈래로 나누어진다. 하나는 앙드레 바쟁(Andre Bazin)의 '미장센(mie-en-scene)'이라 불리는 이론이고, 다른 하나는 에이젠슈테인(Eisenstein)에 의해 그 이론이 확립된 '몽타주(montage)' 이론이다. 미장센의 미학은 주로 예술영화의 상징으로 여겨지는데 기법상으로는 '롱 테이크(long take)'를 지향하는 연출이며, 조명·세트·편집 등을 이용해 영화의 의미를 인위적으로 만들어 전달하는 것을 반대하는 사실주의 영화 이론이다. 주로 미학을 중시하는 연출자들이 많이 선호하는 기법이다. 반대로 몽타주 이론은 '영화는 의미 전달을 목적으로 만들어진 예술'이라는 측면에서 감독의 의지나 철학이 반영되어야 한다며 바쟁과는 반대의 이론을 제시하고 있다.

미장센을 중시하는 감독들은 주로 사전 콘티 없이 미학적 풍경을 찾아내 장면을 쪼개지 않고 길게 찍는다. 이런 감독들은 비교적 콘티에서 자유롭다. 순간적인 감각과 영감을 중시하기 때문이다. 그래서 촬영 시간이 오래 걸린다. 반면 몽타주 이론을 추종하는 연출자들은 계획된 연출을 통해 의미와 미학을 만들어 낸다. 계획적이기 때문에 전자보다 시간이 상대적으로 적게 걸린다. 그러나 일반적으로 빼어난 영화나 드라마는 어떤 신에서는 미장센을, 또 다른 신에서는 몽타주를 이렇게 두 기법의 장점들을 다 수용한다.
　그 선배는 후자 쪽이었다. 사전에 치밀한 콘티를 짜고 수십 번의 리허설을 통해 한 장면, 한 장면을 만들어 냈다. 이런 계산이 서 있기 때문에 신을 건너뛰고 인물을 건너뛰어도 인물 간의 시선이나 행동의 일치를 이루어 낸다. 이 기법의 전제 조건은 완벽한 콘티뉴이티 작성이고, 심지어는 배우의 시선 방향, 행동, 어투까지도 지시한다. 연출에 의해 만들어진다. 그 선배는 남보다 더 많은 야외촬영 분량을 가지고도 정해진 시간 내에 이를 거뜬히 소화해 냈다. 능력에 감탄하지 않을 수 없었다. 따라서 그의 작품은 다른 작품과는 달리 언제나 리얼하고 시원시원했다.
　그는 밤 12시까지 촬영하고도 잠을 자지 않고 날밤을 새우면서 다음날 찍을 분량의 콘티를 짰다. 나는 그의 열정에 감동했다. 나는 그가 찍은 필름을 편집할 때도 뒤에 앉아서 어떤 각도에서 찍은 그림들이 어떤 효과를 내는가를 면밀히 체크했고, 또 그런 그림들을 어떻게 이어붙여 감동을 이끌어내는지도 배웠다. 방송

나갈 때는 콘티대본과 화면의 그림을 맞추어 가며 비교하면서 하나, 둘 그의 연출 노하우를 익혔다.

그러나 그는 1960년대 영화에서 일한 작품 관습이 남아 있었다. 말하자면 〈미워도 다시 한 번〉 같은 멜로를 좋아했다. 나는 그런 그의 작품 경향에는 동의할 수가 없었다. 그러나 조연출로서 그의 작품에 이래라 저래라 할 수도 없었고 해서도 안 되었다. 단지 나는 내가 내 작품을 하게 된다면 그런 유의 작품은 하지 않겠다는 결심을 했다. 아무리 연출을 잘하는 연출자에게도 배우지 말아야 할 것이 있고 연출을 못한다는 연출자에게도 배울 것들이 있다. 조연출을 거치는 동안 자신도 모르게 선배 연출 경향을 닮아가는 경우가 많다. 나도 그 선배의 연출과 비슷하다는 말을 많이 들었다. 그러나 작품 경향은 다르다. 그는 주로 멜로 쪽이고, 나는 문학작품 쪽이다. 나는 그 선배에게 작품을 대하는 열정과 끊임없는 노력 그리고 영화촬영 노하우를 배운 덕으로 빠른 기간 내에 중견 연출자로 발돋움할 수 있었다. 내 삶은 그렇게 계속되었다.

언더그라운더(Undergrounder)의 비극

막 카메라를 돌리려는데 누군가가 카메라를 딱 막아섰다.

"누구야!" 카메라맨이 소리쳤다.

"뭐하는 겁니까?"

"보시다시피 촬영합니다."

"여기서는 촬영 못합니다."

"아니, 왜요?"

"왜는 무슨 왜! 안 되다면 안 되는 줄 알아!"

우락부락한, 다소 험상궂게 생긴 청년이었다.

그러자 그가 나섰다. "우리는 '양수리 수질'에 관한 취재를 나온 공영방송 직원들이다. 무슨 이해관계가 있으신 분이냐."고 물었다. 그 청년은 양수리 강 맞은편 재벌 집 경비원이었다. 그가 다시 따졌다. 우리는 이 물만 찍으면 된다. 이 물도 당신네들 것이냐며 따졌나. 청년은 말문이 막혔다. 우리는 물 위에 어른거리는 재벌집 별장을 별 탈 없이 찍을 수 있었다.

그는 재치도 있고 부지런했다. 조연출 시절에는 연출이 원하는 것이 어떤 것이 되었든 간에 이루어지도록 노력했기에 조연출로서는 부족함이 없었다.

한번은 고속도로에서 경찰한테 걸렸다. 큰 과속도 아니었을뿐더러, 단속 카메라도 없이 따라붙은 사이드카 경찰이 객쩍은 소리를 하며 보내줄 기미가 보이지 않았다. 경찰은 안다. 방송국 차들은 항상 시간이 쫓긴다는 것을. 빨리 해결하지 않으면 촬영에 지장이 있다는 것도. 경찰은 이 점을 노린다. 그는 버스에서 내려 경찰에게 다가가 정중히 사정 이야기를 하고 빨리 가서 찍지 않으면 방송사고가 날 것이라며 좀 봐달라고 했다. 그러나 경찰은 오히려 그런 기관에 계시는 분들이 법규를 잘 지켜야지, 하면서 일부러 여유를 부리면서 쉽게 놔줄 낌새가 보이질 않았다. 무엇을 요구하는지 모두들 안다. 그는 주머니에서 무엇을 꺼내 그의 호주머니에 슬쩍 찔러주었다. 경찰은 호주머니를 한번 톡 쳐보더니 만족한 듯 가라는 손짓을 했다. 그러자 그는 영수증을 꺼내 들고 경찰에게 말했다.

"여기 현금인수증 하나 써 주세요."

경찰은 무슨 뚱딴지같은 소리를 하는가 싶어 그를 쳐다봤다. 그가 그랬다.

"아, 나도 공금 집행하는 사람입니다. 영수증이 없으면 내가 물어내야 합니다. 하나 써 주시오."

경찰은 돈을 돌려주었다. 물론 딱지도 떼지 못했다. 스태프들은 그의 기지에 박장대소했다.

그렇듯 그는 모든 면에서 적극적이고 작품을 위해 헌신적으로 노력했다. 그러나 그는 작품을 보는 안목이 부족했다. 단순경박했다. 유치하기까지 했다. 이는 연출자로서의 결정적인 결함이었다.

방송국은 프로그램을 만드는 곳이다. 프로그램을 만드는 사람들을 일반적으로 PD라고 한다. 그러나 PD라는 명칭으로 불리더라도 역할이 다를 수가 있다. 즉 작품을 직접 연출하는 '디렉터(director)'가 있고, 거기에 드는 예산을 관리하고 집행하는 '프로듀서(producer)'가 있다. 일본 같은 경우는 이 분리가 명확하고 책임 소재도 확실하다. 그러나 우리의 경우는 반드시 그렇지 않다. 관행적으로 작품 연출에 실패한 연출자들이 옮겨 앉는 자리가 프로듀서다. 그래서 프로듀서를 모두들 거부한다. 스스로를 실패한 연출자로 인정하기 싫기 때문이다. 그러나 연출이 제격인 사람이 있고 프로듀서가 제격인 사람이 있다. 가령 사교적이고 논리적인 사람들은 프로듀서가 적합하고, 감성적이고 미학적인 사람들은 연출이 적합하다. 그런데도 모두들 연출하기를 원한다. 연출자는 작품의 생산자이지만 프로듀서는 연출을 원활하게 할 수 있도록 지원하는 일종의 행정의 역할이기 때문이다.

또 하나, 작품이 성공했을 때 스포트라이트는 연출의 몫이다. 말하자면 프로듀서는 작품의 언더그라운더다. 사실 연출자를 비롯한 스태프들 모두가 언더그라운더다. 그러나 연출은 그 모든 스태프들을 대표한다. 언더그라운더이긴 하지만 연출로 성공한다면 연출은 더 이상 언더그라운더가 아니다. 각종 상을 받고 탤런트를 비롯한 여러 사람으로부터 존경을 받는다. 화려하게 지상으로 올라온다. 그래서 누구나 연출을 지향한다. 모든 PD들의 출발은 아무런 선입감 없이 연출로부터 시작한다. 누구나 다 성공할 수도 없지만 누구는 성공하고 또 누구는 실패한다. 몇 번 연달아 실패하게 되면 그는 연출자로서 능력을 의심받게 되고 가망 없다고 판단될 때는 프로듀서 업무가 주어진다. 좀 더 공부하라는 뜻도 있다. 그래서 예산집행이나 섭외(涉外) 같은 임무를 맡으면서 절치부심 끝에 다시 작품 연출을 맡은 경우가 없는 것은 아니지만 대체로 그렇게 끝이 나고 마는 경우가 허다하다. 말하자면 스태프의 일환으로 자기 존재감 없이 남의 뒷바라지나 하면서 언더그라운더로 마감한다. 연출을 지향하는 자로서 참담한 자기 실패다. 치열하게 경쟁해야 하는 세계의 본보기다.

그는 조연출 시절에 그렇게 업무를 깔끔하게 처리했지만 연출로 데뷔하고 나서 그의 단점을 극복하지 못했다. 이리저리 옮겨 다니면서도 그는 끊임없이 연출 세계로 편입되기를 갈망했다. 그러나 매번 실패를 거듭하더니 아예 다른 부서로 쫓겨 가기도 했다. 언더그라운더에서 지상으로 나오려는 그의 눈물겨운 노력은 실패로 끝났다. 개인의 인생으로 보면 비극이다.

또 다른 프로듀서가 있었다. 그 역시 연출자로서의 자질이 부족하였으나 그는 자기 능력의 한계를 알고 아예 연출을 할 생각을 접고 그 방면으로 자리를 굳혀 나갔다. 그는 대하드라마 등 소위 방송국에서 힘주는 작품들의 프로듀서 일을 자원해서 맡았다. 오픈세트장에서 살면서 현지 지역 유지들과 관계를 돈독히 하고, 제작의 편리를 도모해 연출자가 연출하는 데 애로가 없도록 조치를 하고, 불평불만 없이 그 일이 자기의 천직인 양 성실하게 수행했다. 덕분에 그는 퇴직을 하고서도 몇 년간 계약직으로 일을 하기도 했다.

　신은 인간에게 하나의 재능은 준다고 했다. 자신의 재능이 어디 있는지 자기 자신이 알고 스스로 몸을 낮추어야 입신양명할 수 있다고 했다. 극명하게 대비되는 두 사람의 삶에서 교훈을 얻는다.

오만과 품격

　현대 대중문화의 총아로 영화, TV드라마, 연극 등을 꼽는 데 이의를 제기하는 하는 사람은 그리 많지 않을 것이다. 이야기를 통해 세상과 소통한다는 의미에서 세 매체는 동일하다. 그러나 제작 기법은 상당히 다르다. 우선 영화와 TV드라마는 '카메라'라는 기계를 통해 표현하지만 이를 받아들이는 관점은 다르다. 영화를 보기 위해서는 집에서 밖으로 나가야 하지만 TV드라마를 보기 위해서는 밖에서 집으로 들어와야 한다. TV드라마는 온 가족이 함께 보는 가족 매체지만 영화는 개인의 선택에 의한 개별 매체다. 그래서 TV드라마는 보다 높은 도덕성이 요구된다. 연극은 영화나 TV드라마와 같이 '이야기'로 대중과 소통하지만 그것의 언어는 영화나 TV드라마에 비해 보다 철학적이고 사변적이다. 그러나 영화나 TV드라마의 언어는 일상의 언어다. 같은 것 같으면서도 상이한 이런 차이점은 매체의 존재 방식 차이로 나타난다.

우선 영화는 감독의 매체다. 영화는 감독이 누구냐를 제일 먼저 따진다. 그리고 영화를 기억하는 것은 그 감독의 명성과 함께다. 영화 제작의 전과정은 감독의 판단에 의해 만들어진다. 말하자면 감독이 전권을 쥐고 자기의 이름을 걸고 제작하는 시스템이다. 그래서 사람들은 시나리오를 쓴 작가를 기억하지 못한다. 모든 것은 감독으로 통한다. 그러나 TV드라마는 다르다. 사람들은 감독보다 작가를 기억한다. 누가 극본을 썼는가를 따진다. 그래서 모 작가의 작품은 질의 좋고 나쁨을 떠나 일단 한 번 본다. 그래서 영화를 '감독의 매체'라고 하고 TV드라마는 '작가의 매체'라고 한다. 연극은 연출이나 작가보다는 배우가 누구인가를 먼저 살핀다. 그래서 연극은 '배우의 매체'라고 한다.

이러한 매체간의 차이가 그 매체 안의 특별한 권력 관계를 만들어 낸다. TV드라마 작가로 대단한 명성을 지닌 여류작가 한 사람은 영화 시나리오 한 편을 써주었다가 영화감독이 다 뜯어고치는 바람에 그 대본을 회수해 버린 일도 있었다. 영화는 감독이 시나리오 대부분을 자신의 이미지에 맞게 손질한다. 그래서 작가는 사라지고 감독만 남는 형상이 되고 만다.

그러나 TV드라마에서의 작가의 권력은 상상 이상이다. 모 작가는 50부작 드라마가 막 2회 방영되었는데도 불구하고 그 연출자가 마음에 들지 않는다고 방송국에 교체를 요구했고 방송국은 작가의 파워에 밀려 원로 연출자를 교체할 수밖에 없었다. 이 모든 권력은 시청자들의 볼 권리 때문이다. 방송국은 일단 시청자와 약속한 드라마는 불의의 사고가 아닌 한 반드시 방송되어야 한다. 이 시청자와의 약속 때문에 작가가 무슨 이유이든 간에 못 쓰겠다고 버티면 방송국은 그 작가를 어떻게든 달래야 한다. 그리고 TV드라마의 성공 여부는 전적으로 작가의 역량에 달렸다고 해도 과언이 아니다. 주간 단위로 방송되는 TV드라마의 특성상 연출이 어떻게 연출하느냐보다는 작가가 어떻게 써주느냐가 성패의 관건이기 때문이다. 그래서 자존심 강한 연출자는 인기 있는 연속드라마보다는 단막드라마를 더 선호한다. 단막드라마는 연출 의지가 반영될 수 있고 또 마음에 들지 않으면 작가를 교체할 수도 있지만 연속극은 그럴 수가 없기 때문이다. 이렇게 작가의 파워가 커지면서 눈살 찌푸리는 일들이 심심찮게 일어난다.

연말이 되면 거의 모든 지상파 방송국들이 그 해를 마무리하는 의미에서 '연말연기대상' 같은 행사를 한다. 이 시상식은 공정성을 확보하기 위해서 연출자와 출입기자들이 비밀투표를 하고 고위간부들이 이를 추인하는 형식으로 수상자를 정한다. 그러나 어떤 작가들은 자기가 쓴 작품에 출연하는 연기자에게 상을 주라고 압력을 가한다. 자기 요구를 들어주지 않으면 당장 집필을 중단하겠다고 으름장을 넣는다. 방송국은 어떻게 하든 무마시켜 보려 하지만 이미 권력의 맛을 들인 작가는 절대 물러서지 않는다. 고백건대 나 역시 드라마국장 시절 그런 어이없는 경우를 당했다. 나는 끝까지 불가(不可)하다고 우겼지만 작가는 윗사람에게 압력을 넣어 관철시켰다. 싸우려 들면 방법이 없는 것도 아니고 또 그리

할 수도 있었지만 그리하지 않음으로써 나는 내가 지켜야 할 것들을 지켜야만 했다. 무엇 때문에 투표까지 했는지 나 자신이 너무 무력하고 초라해져 그해 연말에 술을 엄청 많이 마셨다. 그 이후 나는 그 작가를 시종 질 낮은 저급한 장사치로 취급했다. 그러나 그 작가는 기세등등하여 자기보다 나이 많은 외주 제작사 임원을 '이 새끼, 저 새끼' 하면서 거만을 떨고 모독을 주면서 천박하게 처신하기도 했다.

작가란 기존의 질서나 가치, 제도, 관습 등을 은밀히 비판하면서 한 시대의 가치관을 만들어 내는 사람들이다. 그것이 드라마 작가이든 시인이든 소설가든 수필가든 마찬가지다. 그런 사람들이 불법과 편법을 강요하고 안하무인으로 거들먹거리는 것을 보면서 나는 그 세계에 대해 깊이 절망했다. 물론 그렇지 않는 작가들도 있지만 가벼운 재담이나 깊이 없는 글재주로 말의 무게를 떨어뜨리고 얄팍한 쪼가리 지식으로 이리저리 조립이나 하는 일부 작가들이 그렇게 변해간다. 문제는 그런 작가들이 한국 방송 드라마를 이끌어 간다는 점이다. 그 이유는 시청률이다. 저질이라고 지탄을 받든, 욕을 먹든, 오로지 시청률만 있으면 작가의 고료는 천정부지로 올라가고 작가는 스타 대접을 받는다. 탤런트들도 작가가 거느린다. 일종의 사단을 형성한다. 작가는 TV드라마의 최고 권력자다.

이제 이만큼 물욕과 치기와 방종이 판을 쳤으니 지금쯤 방송도 산업으로서 콘텐츠 경쟁력만 따질 것이 아니라 문화매체로서의 거시적이고 근본적인 삶의 문제를 생각해 보는 지성적 매체가 되어야 하지 않을까. 아이들이 사탕을 좋아한다고 사탕만을 줄 수는 없다. 억지로라도 밥을 먹여야 한다. 이것이 어머니의 역할이고 문화의 역할이다. 학교폭력이 사회문제가 되고 청소년들의 언어가 날로 거칠어진다고 한다. 우리 사회의 현재 가장 영향력 있는 매체는 TV다. 얼마나 더 천박해져야 제자리로 돌아갈까? 방송이 좀 더 품격을 갖추었으면 한다.

영원한 갑은 없다

　　　나는 대체로 '갑'이었다.

　자유직업인 탤런트들은 오로지 드라마에 출연해 출연료를 받아야만 생계를 유지할 수 있다. 연출자들의 선택에 의해 그들은 드라마에 출연할 수 있고 그로 인해 생계를 유지할 수 있다. 그런 면에서 연출자들은 '갑'이다. 선택을 받아야 하는 탤런트들은 보편적으로 '을'이다. 그러나 인기 스타가 되면 그때는 달라진다. '갑'이 된다. 작품을 골라 출연할 수 있고 개런티도 본인이 원하는 만큼 받을 수 있다. 그러나 많은 비非스타들은 일반적으로 연출의 선택을 받아야만 한다. 스태프들도 작품 당 계약을 한다. 그래서 그들도 선택받는 직업이다. 그러나 반드시 그렇지만도 않다. 특별히 기술이 뛰어난 스태프들은 연출자들이 서로 같이 작업하려고 경쟁하는 수도 있다. 이때는 그 스태프들도 '갑'이 된다.

그런 특수한 경우를 제외하고는 일반적으로 연출은 캐스팅 권한으로 인해 '갑'이라고 할 수 있다. 인기 있는 작품에 출연해 하루아침에 스타가 될 수도 있고, 그로 인해 돈방석에 앉을 수도 있으며, 그만큼은 아니더라도 일용할 양식을 구할 수 있게 해주는 조력자도 역시 연출자다. 그래서 연기자들은 연출자들을 보면 커피 한 잔이라도 같이 마실 수 있었으면 하고, 수단과 방법을 가리지 않고 그들의 시선을 잡아두려고도 한다. 연출자들에게 유혹은 늘 있기 마련이고, 또 엉뚱한 생각을 가진 사람들도 있었다. 운동권 출신의 모 국회의원이나 항공기를 회항시킨 모 재벌 딸처럼 시건방진 '갑질'을 일삼는 PD도 있고, '금품수수와 여자 탤런트와의 스캔들'로 패가망신한 연출자도 있다. 지금은 거의 사라져 많이 정화되었지만 이로 인해 연출자들에 대해 탤런트들 등이나 쳐 먹고 사는 나쁜 이미지가 형성된 시절도 있었다. 어쨌든 연출자가 탤런트들의 생계를 쥐고 있는 것만은 틀림없다.

그러나 '갑'인 연출자들은 거기에 따른 책임이 있다. 누구라도 캐스팅할 수 있고, 어떤 작품이라도 할 수 있지만, 실패했을 경우, 그는 '갑'의 위치를 유지할 수 없다. 그러나 '을'인 탤런트들에게는 그런 책임이 없다. 작품이 잘되든 못되든 상관없이 많이 출연만 하면 된다. 그것이 생계수단이 되니까.

그러나 갑은 갑다워야 한다. 그렇지 않으면 인생의 중요한 덕목을 잃게 되고 비아냥과 경멸이 따른다. 영원한 갑은 없다는 사실도 명심해야 한다.

탤런트 P와 J는 주로 단역만을 해왔다. 젊었을 때는 연출자들을 따라다니며 이런저런 잡심부름도 하며 놀이 삼아 별 불만 없이 어영부영 지냈지만 나이가 들고 자식들이 커가면서 심각해지기 시작했다. 벌이는 시원찮고 머리도 희끗희끗해져 가면서 그런 단역을 하기에는 남들 보기에도 창피할 뿐더러 자식 같은 연출자에게 굽실거리기가 뭐하니까, 있는 돈 없는 돈 다 끌어모아 술집 같은 걸 했다. 실내에 젊었을 때 사진도 붙이고, 단역이지만 그가 출연했던 드라마 스틸로 실내를 도배하다시피 하며 시작을 했지만, 초기에 누구누구 소개로 한번씩 들여다보고는 끝이었다. 빚만 지고 말았다. 그러다 그는 끝내 연기다운 연기, 배역다운 배역 하나 못 맡고 타계했다.

여자 탤런트인 경우는 대체로 얼굴만큼은 평균 이상이 되니까 시집만 잘 가면 자존심을 살리면서 살 수 있지만, 남자들의 경우는 참 난감해진다. "이게 아닌데……." 하고 후회하고 깨닫는 순간, 이미 때는 늦는다. 직업을 바꿀 수도, 장사를 할 수도 없는 늦은 시간인 것이다. 평생 누군가에 의해 선택받아야 하는 직업의 비애다. 예능 계통은 원 오브 뎀(one of them)은 곤란하다. 온리 원(only one)이 되어야 생존이 가능하다. 적자생존의 본보기다.

그러함에도 탤런트를 모집하면 수백 명이 몰려온다. 모두들 찬란한 꿈을 안고 남들은 안 되어도 나는 될 것이라는 가망 없는 희망을 안고. 그러나 최근에는 그런 이벤트조차 없다. 무슨 무슨 기획사니 엔터테인먼트 회사니 하면서 전문적으로 탤런트들을 키운다. 이제는 그들이 '갑'이다. 그들은 투자해서 키운다. 얼굴도 고쳐주고 의상도 마련해 주고 차도 사준다. 연출자들도 그들에게 캐스팅을 의존한다. 과거에는 길거리 캐스팅이라 해서 우연히 연출자에게 발탁되어 탤런트가 된 사람도 있지만 방송국에서 뽑는 탤런트 시험에 합격해 연기자의 길을 들어선 사람들이 대부분이었다. 방송국에서 뽑으면 방송국에서 교육시키고 자국 프로에 출연할 수 있도록 배려도 해준다. 이제는 더 이상 그런 제도는 없다. 처음부터 매니저가 붙어다니며 첫 출연부터 로비로 시작한다.

건전한 드라마를 만들 의무가 있고 그 기본이 되는 우수한 연기자를 키워야 하는 의무가 있는 방송국이 이런 기초인력 양성마저도 자본의 논리에 맡기고 수수방관하고 있다. 흥행의 논리다. 드라마, 역시 문화의 논리가 아니라 자본에 의해 결정된다. 시청률을 올려 돈 많이 버는 연출자는 명장이라고 치켜세우고 작품성 운운하는 연출자는 도태되고 만다.

앞으로는 '스타'는 있어도 '배우'가 없는 시대가 올 것이며, '드라마'는 있어도 '작품'이 없는 시대도 올 것이다. 벌써 그런 조짐이 뚜렷하다. 연출자는 이제 더 이상 '갑'이 아니다.

자꾸만 욕이 마려운 세상

　라디오 PD를 하다가 TV PD로 옮겨 앉았을 때 나는 거의 숙맥이었다. 무엇이 어떻게 돌아가는지 알 수 없었고 선배가 지시하는 일을 어떻게 처리해야 할지 몰라 허둥대기 일쑤였다. 외부와의 접촉이 한정되어 있던 라디오 제작 체계와는 달리 수많은 스태프들을 컨트롤해야 하는 TV 제작 체계는 사람을 거칠게 만들었다. 내가 처음 모신 선배는 굳이 그러지 않아도 되는데도 툭하면 욕을 해댔다. 나는 그게 몹시 마음에 걸렸다. 나는 그러지 말아야지 하면서 되도록 공손하게 존댓말을 써 가면서 상대했다.

　그러던 어느 날, 지금도 변하지 않았지만, 당시에도 밤새워 녹화하는 일이 비일비재했다. 새벽 3시경쯤이었다. 잠시 연기자들의 분장을 고치려고 몇 분간 녹화가 중단되었다. 다시 녹화를 시작하겠다는 연출자의 지시가 떨어지고 조연출인 나는 분장실로 뛰어가 "녹화 들어갑니다. 스탠바이해 주세요." 하고 외치고는 스튜디오로 들어가 소품, 세트, 카메라의 위치 같은 걸 점검하면서 연기자들을 기다렸다. 어라, 10여 분이 지났는데도 얼씬거리는 사람조차 없었다. 오겠지, 하고 기다리는데 연출자가 스튜디오 문을 열고 나오면서 "야 인마, 너 뭐하는 놈이야." 한다. 나는 그게 무슨 말인지 몰라 멍하니 서 있으니까. "이 새끼야! 녹화 들어가는데 뭐하고 있는 거냐? 응. 너 그 따위로 하려면 라디오로 다시 가. 알았어? 이 새끼야." 한다. 한밤중에 욕을 얻어먹고 나니까 나도 순간적으로 감정이 치올랐다. 나는 분장실 문을 박차고 들어가면서 냅다 소리를 질렀다.

"스탠바이! 시발 더러워서 못하겠네. 빨리 안 모여! 욕먹어야 모일 거야?" 하자 여기저기서 수군거렸다.

"조연출 화났다. 빨리 가자." 하면서 우르르 달려 나오는 것이었다.

나는 그때, 필요에 따라서는 욕도 해야 이 작업이 순조로워진다는 사실을 깨닫게 되었다. 그러나 나는 어지간해서 그런 거친 언어의 사용을 자제했다. 반면 나는 모든 일들을 원칙적으로 처리했다. 가령 대본 독회 때도 약속한 정시에 반드시 모이도록 지시했다. "연기는 잘하는 사람도, 또 부족한 사람도 있을 수 있다. 그러나 약속만큼은 지키려는 의지가 있으면 지킬 수 있다. 약속한 시간에 모여주길 바란다." 첫 미팅 때 미리 못을 박는다. 두 번 이상 지켜지지 않을 때는 배역을 바꾸어 버린다. 지금은 작고 하신 중견 탤런트 한 사람은 영화촬영을 끝내고 서울로 오는 도중 고속도로가 막혀 연습시간을 댈 수 없게 되자 부인에게 연락해 그 시간에 부인이 대신 참석토록 했다. 나의 엄격함이 통했다. 스태프에게도 마찬가지였다. 야외촬영은 보통 새벽에 출발한다. 그래야 길거리에서 시간을 허비하지 않을 수 있기 때문이다. 한번은 분장사가 출발시간 10분이 넘도록 도착하지 않았다. 나는 버스를 출발시켰다. 분장사는 택시를 잡아타고 버스를 뒤따라왔다. 그래서 나는 대체로 욕을 하지 않고 탤런트나 스태프들을 컨트롤할 수 있었다.

그러나 딱 한번 지독한 욕을 한 적 있었다.

내 작품에 주인공 역을 많이 한 여배우였다. 그래서 만만해서인지 아니면 믿고 그랬는지 알 수 없지만 약속시간을 어겼다. 아니 어긴 게 아니고 아예 나타나질 않았다. 당시엔 모든 드라마가 후시녹음이었다. 촬영이 끝난 후 탤런트들이 모여 찍은 필름을 보면서 대사 맞추는 연습을 해야 정확하게 입과 대사가 맞아떨어져 완성도 있는 작품을 내놓을 수 있고 녹음시간도 절약할 수도 있다. 그뿐만 아니라 찍을 때 부족했던 감정 표현 같은 것도 보충할 수 있기 때문에 나는 반드시 이 과정을 꼼꼼히 챙겼다. 덕분에 나는 1980년대에 만들었던 작품도 더빙했다는 느낌을 못 받을 정도로 입과 대사가 정확했다. 그런데 그 탤런트와 하루 종일 연락을 해도 연락이 닿질 않았다. 나는 화가 났다. 더빙 녹음 전날 저녁 때까지 나타나질 않아 나는 비슷한 목소리의 성우를 섭외했다. 그날 밤 나는 그녀와 밤새워 필름을 보면서 대사를 맞추었다.

더빙날 아침 그 탤런트가 나타났다. 외부 영화촬영을 나갔다 온 것이다. '이미 촬영까지 했는데 지가 어쩔 것인가.' 하는 배짱이 깔려있는 듯했다. 얼마나 화가 났는지 나는 그녀에게 내가 할 수 있는 욕을 다했다. 그리고 끝까지 대역 성우를 데리고 녹음을 했다. 만약 그 탤런트를 데리고 녹음을 했다면 그날 밤은 물론 그 이튿날까지 좋이 새웠을 것이고, 마음에 들지 않아 다시 하자고 하면 연출자가 심술을 부린다고 삐죽거렸을 것이다. 약속은 탤런트가 어기고 욕은 연출자가 얻어먹는 꼴이 되기 십상인 것이다.

그러나 내가 욕 얻어먹은 일도 많았다.

연극계 중견 여배우 한 분을 캐스팅했는데 대본 독회를 거치고 나서 나는 고민에 빠졌다. 내가 생각했던 연기가 아니었다. 끝나고 나서 나와 둘이 개인 독회를 다시 해봤는데도 영 나의 마음을 끌지 못했다. 실수였다. 연극배우는 보통 두서너 달씩 연습을 하고 무대에 선다. TV는 다르다. 2-3번 정도 읽고 촬영에 들어간다. 순발력이 필요했는데 나는 그걸 간과한 것이다. 후회가 밀려왔다. 촬영이 일주일 앞으로 다가왔는데……. 고민이 클 수밖에 없었다. 이튿날 나는 과감하게 용서를 구했다. 미안하다고. 그녀는 말없이 전화를 끊었다. 자존심이 상해서 울었을 것이고 그러면서 엄청 욕을 퍼부었을 것이다.

또 한번은 촬영까지 하고 취소한 적도 있다. 방영 시기가 촉박해 평소에 믿는 후배에게 캐스팅을 부탁하고 촬영을 떠났는데 현장으로 온 배우가 영 아니었다. 어쩔 수 없이 촬영을 끝낸 후 양해를 구하고 다른 배우를 섭외해 재촬영했다. 그 배우는 그 이후 내 앞에 나타나지도 않았다. 나를 원망했다는 이야기는 없었지만 두 번 다시 방송국에 나타나지도 않았다. 탤런트 생활을 접어버린 것이다. 그녀는 나를 평생 원수로 치부하고 이를 갈았을 것이다. 그 외, 인기 절정의 트로이카로 불리던 여배우들에게도 나는 그 어떤 특권도 허용하지 않고 원칙대로 처신했다. '개새끼'라고 욕하는 소리가 들렸다. 연출자는 작품을 위해서라면 욕 얻어먹을 각오를 해야 한다. 연출자는 이런 저런 핑계가 필요 없다. 오로지 작품만으로만 말한다.

연출자는 명예를 위해, 탤런트는 생존을 위해 뛴다. 그러나 연출이 자신의 명예를 지키지 못하면 탤런트는 물론 모든 스태프들로부터도 멸시받는다.

"그 새끼 성질은 더러워도 작품 하나는 잘 만든단 말이야." 하는 말이 연출자에게는 일종의 찬사다.

누구에게나 마음속에 강물은 흐른다

어느덧 정년퇴직할 나이가 되었다. 사무실에 앉아 여의도 저쪽으로 넘어가는 해를 막연히 바라보노라면 지나간 삶의 편린들이 무시로 떠오르고, 길을 가다가도 무언가를 잃어버린 것 같은 느낌이 가슴을 저미게 하면서 재잘거리며 지나가는 젊은이들을 넋을 잃고 바라보기도 한다. 이게 아니지 않는가? 내가 원했던 삶이란 게……. 가을날 같은 쓸쓸함에 술을 마셔도 성에 차지 않는, 외로움이 남는 시절이었다. 꽃이 피기는 쉬워도 지기는 잠깐이라는 어느 시인의 말이 뼈저렸다.

그래, 이런 우리들 살아온 이야기를 한번 해보자. 가난하게 태어나 열심히 앞만 보고 성실히 살아왔음에도 종국에는 명예퇴직이니 뭐니 하며 소외당하고 결국에는 가족들로부터도 인정받지 못한 우리들의 살아온 이야기를. 나는 진작부터 ≪길≫이라는 소설을 언젠가는 드라마로 만들어 보아야겠다는 마음을 먹고 있던 터였다.

소설 속의 주인공은 영화촬영감독이다. 이 직업은 자유직업이다. 따라서 조직이 주는 배신과 갈등은 없다. 이것만으로는 우리 세대가 갖는 고통과 갈등을 표출해낼 수가 없었다. 나는 주인공의 직업을 '방송국 TV촬영기사'로 바꿔었다.

성실하게 일만 해온 그는 어느 날 상사로부터 나이가 많다는 이유로 명퇴 압력을 받았을 뿐 아니라 아내로부터 이혼 제의도 받는다. 그가 일에 미쳐 가정을 소홀히 했을 뿐 아니라, 자신의 고독과 존재를 무시했다며 자기도 이제 자유로워지고 싶다고 아내는 말한다.

그러나 드라마는 시작부터 우여곡절을 겪었다. 우선 '황혼이혼'이라는 소재가 마뜩잖았는지 프로그램 제작을 취미 생활하듯 한다는 핀잔을 들었다. 그 다음 HD가 보편화되지 않았던 시절이라 제작비가 많이 든다며 거부당했다. 3개월 후 다음 해 창사특집 프로가 문제가 되면서 갑자기 편성되었다. 그때는 이미 가을이 가고 있었다.

드라마는 쓸쓸한 가을이 배경이다. 그것은 물리적 시간이 아니라 주인공의 인생을 의미하는 시간이기도 했다. 그해 가을은 아주 짧게, 그리고 빨리 찾아왔다. 은행잎은 이미 노랗게 물들었고 설악산은 잎이 지고 가지만 앙상한 상태였다. 11월 2일 첫 촬영에 들어갔다. 눈까지 부슬부슬 내렸다. 담요로 눈을 막고 촬영하기도 했다. 낙엽을 주워 모아 강풍기에 날리면서 가을 신을 찍었다. 일단 가을 신이라도 찍어 놓으면 나머지는 어떻게 하든 만들어 낼 수 있을 것 같았다. 그 와중에 불길한 소식이 날아왔다. 모든 드라마에서 흡연 장면을 추방하기로 했으니 재촬영하라는 것이었다. 이미 겨울이었고 재촬영은 다음해 가을이나 가능했다. 나는 절망했다. 누군가가 '이미 촬영이 끝난 프로는 제외해야 한다.'고 윗사람에게 말 한마디라도 해 주었으면……. 이 민주화 시대에 말 한마디 못하고 웅크리고 눈치만 보는 조직이 죽음의 집단 같아 소름이 끼쳤다.

우선 찍은 신만으로 편집을 했다. 이 한겨울에 재촬영이 가능할 것인가를 두고 며칠을 고민했다. 몇 차례 스태프 회의를 거쳐 몇몇 신은 들어내고 몇몇 신은 부분적으로, 또 몇몇 신은 장소를 실내로 바꾸었다. 그리고 겨울 신 촬영에 들어갔다. 그해 겨울은 유난히 눈이 많이 내려 겨울 신을 무난히 마칠 수 있었다. 그러나 드라마의 라스트 신은 아내가 그 몰래 기차를 타고 어디론가 떠나고, 주인공은 쓸쓸한 마음으로 역사(驛舍)를 걸어 나오는 장면이었다. 이미 찍은 필름에는 주인공 손에 담배가 쥐어져 있었다.

올 것 같지 않던 봄이 왔다. 몇 번 실패를 했지만 일기예보를 참작해 입김이 나지 않을 것 같은 날을 골라 경동시장에서 약재로 쓸 은행잎을 사다 뿌리면서 재촬영을 했다. 기분이 참 지랄 같았다. 당연히 창사특집 프로는 다른 프로로 대체되었다. 그러나 그 덕분에 봄 신을 찍을 수 있었다는 것이 그런대로 위안이 되었다. 또 나는 드라마의 나이에 맞추어서 캐스팅을 했기 때문에 남녀 주인공 모두가 생애의 마지막 주인공이 될지도 모르기에 혼신의 힘을 다해 연기해 주었다.

드라마를 보는 묘미 중의 하나가 연출의 숨겨진 의도를 찾아내는 일일 것이다. 나는 많은 드라마에서 메타포를 사용했고 이 드라마도 예외는 아니었다. 극의 초반에 거대한 덤프트럭이 부부가 탄 차를 맹렬히 몰아붙여 추월하는 장면이 있는데, 나는 이 신을 거의 3시간에 걸쳐 찍었다. 스태프들은 그 신이 무엇을 의미하는지, 왜 그렇게 힘들어 찍어야 하는지 이해하질 못했다. 하지만 편집 후에야 연출의 의도가 무엇인지 알고 계면쩍어했다. 덤프트럭은 이 시대의 거대한 힘의 상징이었다. 그것은 젊은 세대일 수도 있고 시대의 흐름일 수도 있다. 그래서 추월당할 수밖에 없는 의미를, 말하지 않는 가운데 말해 주었다. 또 바닷가에서 신혼부부의 사진촬영이나 산장山莊 한 구석에 없는 듯 서 있는 다정한 노부부의 모습은, 이혼을 하고자 하는 주인공들의 심리와 대비시켰다. 죽은 아들의 유품을 태우는 장면에서 새 한 마리가 타다 남은 책 한 쪼가리를 물고 하늘로 날아간다. 죽은 아들의 영혼을 새鳥에 대비시킨 이 장면은 이제 더 이상 이념의 덫에 갇혀있지 말고 저 푸른 하늘로 마음껏 날아가라는 어머니의 기원을 담은 '자유'의 메타포였다.

방송 후 많은 지인들로부터 비디오를 구해 달라는 주문을 받았다. 또 자전적이냐며 물어오는 사람들도 꽤 많았다. 그것은 나의 이야기가 아니고 나와 같은 시대를 산 방송인들의 고뇌이고 삶이었다. 하지만 일부 젊은이들은 과장되고 공연히 심각한 가식의 드라마라고 폄하하기도 했다. 나는 이 드라마를 통해 우리들 마음속에 건널 수 없는 강이 세대 간에 서로 존재한다는 사실을 알 수 있었다. 나는 드라마가 인간을 그리는 작업이고 그것은 감동의 폭만큼 가슴에 닿으리라는 확신을 가지고 있다. 오늘날 우리가 누리는 이 물질적 풍요는 어느 날 갑자기 찾아온 것이 아니라 지난 세대의 눈물과 고통으로 이룩한 것일진대, 지난 세대의 치열한 삶을 냉소적 편견으로 바라보는 시선에서 편 갈린 우리 사회의 한 단면을 보는 것 같아 씁쓸했다.

광기 같은 열정이 사라진 사회, 낭만의 아류에 불과한 가식적인 유희, 시청률을 위해 인간을 끝없이 비틀고 모독하는 삼류시대, 거기에 장단 맞추는 시청집단, 우리 문화의 현주소다.

믹싱(영상과 음악, 그리고 자막을 넣어 완성품을 만드는 마지막 작업)을 마치고 귀가하는 길에 전봇대 밑에서 술에 취해 토악질을 하는 한 사내를 보았다. 50이 조금 넘어보였다. 희끗희끗 흰머리가 가여워 보이는 그 남자의 눈에는 눈물이 글썽거렸다. 토악질 때문인지, 아니면 인생이 슬퍼서인지 알 수가 없었다.

이 드라마로 '제10회 상하이 국제TV페스티발'에서 최우수상을 받았으며, 나는 이 상賞 보너스로 한 편의 드라마를 더 연출하게 되었다.

"경제성장에만 집착해온 한국 사회의 문제와 그 성장의 주인공들인 노년들의 고독과 심리를 아름다운 한국의 자연을 배경으로 잔잔하게 그려내 깊이 있는 주제를 뛰어난 영상미로 부각시켰다."는 평을 들었다.

내가 담배를 끊은 이유

금년 들어 담뱃값이 많이 올라 애연가들이 경제적 손실을 감당하고서라도 지조(?)를 지켜야 옳은가, 아니면 끊어야 하는가를 심각하게 고민들 하고 있다고 한다. 사실 담배는 어찌 보면 백해무익이다. 자신의 건강뿐만 아니라, 주위 사람의 건강까지 해치니 말이다. 그걸 알면서도 못 끊는 이유는 오랜 세월의 습관 때문일 수도 있고 그것으로 인한 중독 때문일 수도 있다. 내가 한창 일할 때는 담배를 하루에 세 갑 정도, 커피는 20잔 정도 마셨다. 일의 특성상 그렇게 할 수밖에 없는 이유가 있었다. 하루 종일 바깥에서 종종걸음 치며 일을 해야 하는 우리 일은 사실 막노동에 가깝다. 단지 감독하고 지휘하는 것이 막노동과는 다르다면 다를 뿐이다.

NG(No Good)가 한번 나면 반드시 담배를 하나 붙여 문다. NG는 배우가 낼 수도 있고, 카메라감독이 낼 수도 있고, 조명감독이 낼 수도 있고, 구경꾼들이 낼 수도 있다. 물론 감독이 마음에 들지 않아 낼 수도 있다. 이렇게 한번 NG를 내고 다시 '레디고(Ready Go)'를 부르기까지는 보통 10여 분 이상이 걸린다. 카메라 위치를 다시 정하고, 배우의 연기를 다시 한 번 강조하고, 주위를 정비하고 하면 그렇다. 이 시간에 감독은 '반드시'라고 할 만큼 담배를 피워 문다. 해는 넘어가고 찍을 분량은 많은데 자꾸 NG가 나면 초초해지고, 초조해지면 줄담배를 피워댄다.

내게 KBS 대하 드라마 연출 지시가 내려왔을 때 나는 연출로 데뷔한 지 3년밖에 되지 않은 거의 햇병아리 수준의 연출자였다. 위에서 무슨 배짱으로 그런 모험을 하는지 알 수 없었지만 나는 겁도 나고 자신도 없었기에 손사래를 치며 한 달 이상을 도망다녔다. 그러나 위의 지시는 확고했다. 그러면서 위에서 작가는 물론이고 주요 배우까지 지정되어 내려왔다. 작가도 내 취향이 아니었고, 배우도 당시에는 트로이카 중의 하나인 인기배우였지만 내 생각과는 거리가 멀었다. 그렇게 밀고 당기다 결국은 할 수밖에 없었다. 네다섯 번 정도 수정에 수정을 거듭해 나온 첫 대본조차도 마음에 들질 않았다. 첫 방송까지는 어느 정도 시간이 있었기에 내가 직접 대본 수정을 시도했다. 첫 작품부터 작가 대본과 연출 대본이 서로 이가 맞질 않았던 것이다. 이런 악순환은 계속되었고 자존심이 상한 작가는 나와의 연락을 끊고 자기 취향의 원고만 넘겨주었다. 나는 연출이 끝난 그날 밤부터 밤새워 작가 대본을 고치면서 콘티도 짰다. 고민이 깊어갔고 꽁초도 쌓여갔다. 하루 흡연량도 4~5갑으로 늘어났다. 그리고 하루에 2~3시간밖에 자지 못해 눈은 늘 벌겋게 충혈되어 있었다. 그렇게 6개월을 버텼다. 체중이 45kg까지 떨어지면서 나는 쓰러졌다.

나는 병원에 입원했고 연출이 바뀌었다. 대타로 들어온 연출자는 작가가 써준 대로 연출을 했다. 그러나 크레디트 타이틀에 '연출'은 여전히 내 이름으로 나갔다. 나는 부끄러웠다. 대타 연출자는 나는 단지 당신 대신으로 하는 일이지 나의 일은 아니라는 입장이었다. 그러나 내 병은 심각했다. 위櫝에서 십이지장까지 전부 헐어 있었다. 1년 이상 요양이 요구된다는 진단이 나왔다. 의사는 나에게 심각하게 경고했다. 술, 담배를 끊지 못하면 당신은 1년을 넘기지 못할 거라고. 그러나 나는 그것보다 내 이름으로 나가는 대하드라마가 그렇게 부끄러울 수가 없었다. 빨리 일어나 대하드라마 연출을 맡아 내 이름을 부끄럽게 하지 말아야 한다는 생각밖에 없었다.

그러던 어느 날 자식들이 면회를 왔다. 딸아이는 한 발 떨어져 심각하게 나를 바라다보고, 심한 개구쟁이였던 여섯 살배기 막내 아들녀석은 얼굴에 장난기가 싹 빠진 얼굴로 "아빠, 많이 아파?" 하는데 이미 울상이었다. 나는 기특해서 웃으며 괜찮다고 고개를 끄덕여 주고 머리를 쓰다듬어 주었는데 잠시 후 곧 심각해졌다. '아이들이 있구나. 나 혼자가 아니구나.' 그러면서 문득 '죽어서는 안 된다. 이 아이들을 내가 지켜야 한다.' 하는 각성이 왔다.

아들녀석이 아버지의 건강을 걱정해주던 그 또래에 나는 아버지를 잃고 댓돌 밑의 잡초처럼 자랐다. 아버지 없는 자식들의 삶이 어떠하다는 것을 나는 너무나 뼈저리게 느끼고 있었다. 그날 저녁 나는 창 너머 저쪽 등성이로 넘어가는 해를 우두커니 바라보는데 느닷없이 눈물이 나왔다. 내 인생은 비록 그렇게 험난했을지언정 내 자식들에게만은 그런 슬픔과 고통을 주어서는 안 되지 않는가? '그래, 일어나자. 이번 드라마는 그냥 포기하자. 그리고 다시 시작해보자.' 사실 나는 그때까지도 담배를 못 끊고 의사 몰래 피웠다. 의사도 이를 눈치채고 면회객이 가고 난 후 바로 병실에 들어와 서랍을 뒤져 담배를 몰수해 가곤 했다. 이튿날부터 나는 사탕을 사 놓고 먹으면서 담배를 끊었다.

1년여 요양 끝에 나는 다시 복귀했다. 그 이후는 나는 연속극 같은, 내 의지로 어찌할 수 없는 프로그램은 하질 않기로 결심을 했다. 다시 말해 어쩔 수 없이 작가에게 끌려가는 드라마는 하지 않기로 한 것이다. 그래서 나는 'TV문학관'으로 성공한 연출자가 되었다. 그런 혹독한 시련을 겪으면서 나는 담배를 끊었다.

아들은 가끔 헬쑥한 얼굴로 침대에 누워있는 아버지를 기억한다고, 당시의 철없던 어린 나이에도 불구하고 막연하게 다가오는 불안과 나름대로의 막막함을 말하곤 한다. 나 역시, 노란 바탕에 까만 줄무늬 티셔츠를 입고 나를 걱정스럽게 내려다보던 아들의 얼굴이 생각난다.

그 이후로 나는 담배는 물론 커피도 끊었다. 그러나 인생사가 평탄지 않아서인지 술만은 끊지 못했다. 이제는 살 만큼 살았으니까 술마저 끊어가면서 기어이 더 살아야 할 이유 또한 없는 듯하다.

세 번째 단락

나의 노래, 마지막 노래들

| 제작기 |

자유, 그 위대함의 도전
– 〈사로잡힌 영혼〉

1. 기획

역사를 배경을 한 드라마나 소설은 크게 두 갈래다. 역사의 스토리를 따라가느냐, 혹은 역사적 인물에 포커스를 맞추느냐이고, 인물도 외형적인 업적 위주냐, 아니면 내면의 고뇌를 파고드느냐이다. 대부분의 역사소설이나 드라마는 주로 사초^{史草}를 중심으로 한 업적 위주의 편년체 형식이다. 이것은 독자적인 역사 해석의 실력과 능력을 갖추지 못했기 때문이기도 하지만 독자적인 해석이 불러올 파장을 우려하기 때문이기도 하다. 과거 KBS가 김구 선생의 일대기를 드라마로 조명한 일이 있는데 방송 이후 엄청난 후유증에 시달렸고 20여 건의 소송에 휘말리기도 했다. 대한민국에는 김구에 대해 아는 사람이 너무 많았다. 그리고 또 하나 무시할 수 없는 것이 우리 사회의 조상에 대한 외경심이다. 아마 모차르트가 한국 사람이었다면 영화 〈아마데우스〉는 제작될 수 없었을 것이다. 모차르트를 그렇게 경박하고 품위 없이 그렸다면 그 후손들이 가만 있지 않을 것이기 때문이다.

두 번째, 내면의 고뇌를 파고드는 것 역시 그리 만만치가 않다. 김훈의 ≪칼의 노래≫나 ≪남한산성≫ 같은 소설은 초점이 '사건'

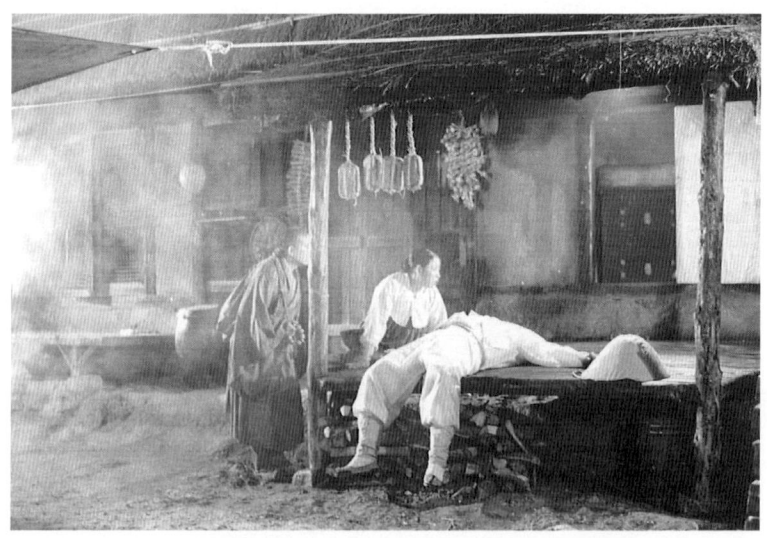

보다는 '인간의 내면'에 맞추어져 종전의 역사소설의 틀을 깬 작품이긴 하지만 드라마에서의 그런 유의 역사물은 거의 불가능하다. 재미있는 이야기 위주로 전개해야 할 TV드라마가 인간의 내면을 설득력 있게 그려내기에는 한계가 있고, 주간 단위로 제작해야 하는 방송의 특성상 거기까지 미치기에는 역부족이며, 방송작가들의 역사에 대한 혜안 역시 크게 부족하기 때문이다. 그래서 TV 역사드라마들은 지극히 교과서적이다. 이순신은 밥도 안 먹고 똥도 안 누는, 인간이 아닌, 도저히 손이 닿지 않는 전지전능한 신神에 가깝게 그린다. 이런 식의 영웅전은 우리들에게 진정으로 존경하는 역사적 인물을 만들어내지 못하는 원인을 제공하기도 한다. 그래서 우리에게 영웅은 있지만 존경하는 인물이 없다.

셋째, 나는 되도록 족적足跡은 있지만 그 행적이나 기록이 명확하지 않고 좀 모호한 인물을 택한다. 그래야 틀리느니 맞느니 하

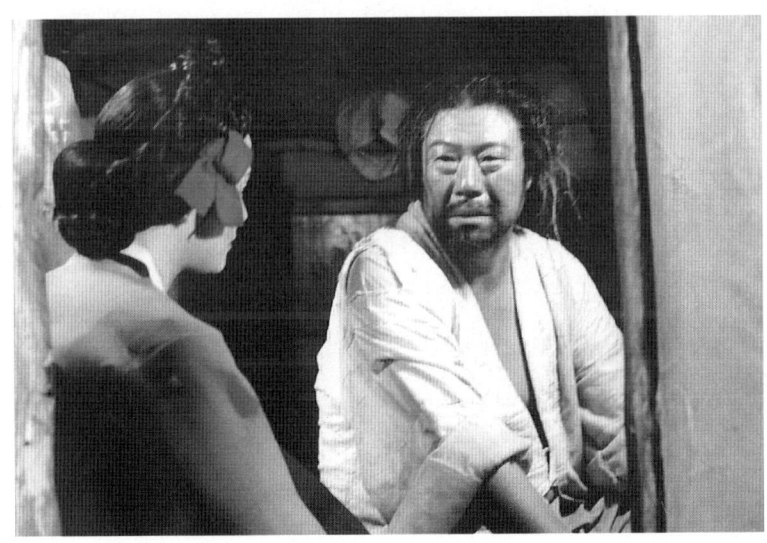

는 뒷말이 없다. 그런 만큼 작가의 창작의 영역이 그만큼 넓어진 다. 너무 알려진 인물은 기록이나 기존 이미지 때문에 작가의 상상력이 끼어들 여지가 없다. 그래서 나는 되도록 기록이 적은 인물을 택한다. 그래야 상상력이 풍부해지고 따라서 극적인 요소가 많아지면서 인간적인 고뇌를 사실감 있게 그려낼 수 있다.

나는 조연출 시절, 사극 조연출을 꽤 많이 했다. 그만그만한 역사드라마 조연출을 하면서 우리 역사에 거대한 인물은 아니지만 나름대로 우리의 정신세계에 귀감이 될 수 있는 인물은 없는가를 늘 찾았었다. 흑백시절에 제작, 방영된 일이 있었으나 고증도 틀렸고, 전개도 다소 밋밋해 실망했지만 당시로서는 그런대로 잘 만든 프로로 기억되었던 인물이 하나 있었다. 오원吾園 장승업이었다. 나는 컬러로, 다른 각도에서 그 인물을 한 번 조명해 보고 싶었다. 그에 대한 기록을 여기저기서 찾았으나 인명사전에 단 몇 줄밖에 나와 있지 않았다. 특히, 나는 그가 왜 임금의 명령을 거부했는가에 대한 끊임없는 의문을 가졌다.

군주시대에 임금의 명을 거역한다는 것은 목숨을 내놓는 일이다. 민주주의 세상에서도 대통령이 부르는데 늦게 도착했다고 몇십 년 이어오는 기업을 해체시키는 세상인데, 그림을 그리라는 임금의 명령에도 불구하고 개구멍을 빠져나가 술을 마시다 잡혀 들어오는 오원은 도대체 무슨 배짱일까? 목숨보다 술이 우선인가? 대부분의 오원의 전기를 보면 술 때문이라고 적고 있다. 나는 그런 그의 내면을 한 번쯤 파 헤쳐보고 싶었다. 처음은 술이라고 가정했다. 그러면 왜 그렇게 술을 마시고 싶어 했던가? 가난? 불우한 그의 삶? 아니면 호기豪氣? 그 어떤 것에서도 답이 안 나왔다. 그러면 절대군주였던 고종은 또 어찌하여 세 번이나 궁을 탈출한 오원을 죽이거나 옥에 가두지 않고 살려두었던가? 이 두 사람의 관계에 무슨 공통점이 있기 때문이 아닐까? 고종은 오원의 그 치기稚氣에서 무엇을 발견하고 인정했던 것이 아닐까? 고종이 가질 수 없던 그 어떤 것을 오원이 가졌던 것은 아닐까? 그렇지 않으면 추구하는 어떤 공통점이 있기 때문이 아닐까? 여기까지 나의 생각이 머물렀다. 며칠을 고민했다. 추구하는 어떤 공통점? 나는 며칠을 고민하던 중, 두 사람 사이에 공통점이 아니라 서로 다른 점을 발견됐다. 하나는 절대 군주고 하나는 처자식도 없이 떠도는 낭인이다. 그렇다. 그거다.

나는 무릎을 쳤다. 자유, 그래 자유다. 오원에게는 권력은 없지만 자유가 있고, 고종에겐 권력은 있지만 자유가 없다. 주제는 자유다. 고종은 오원의 그 자유가 부러웠던 것이다.

나는 작가(이상현)에게 이렇게 말했다. 오프닝(Opening)을 오원이 광활한 초원에서 말을 쫓는 장면이었으면 좋겠다. 작가가 나를 한참 쳐다

보았다. 그리고는 나에게 물었다. "왜?" 나는 그랬다. "그는 광야를 거침없이 달리는 말처럼 자유인이고 싶으니까." 며칠 후 작가에게서 연락이 왔다. "그래, '자유'로 하자." 그래서 이 드라마의 주제는 '자유'가 되었다. 흔히들 예인藝人들을 다룰 때 예술혼 운운하는데 우리는 주제를 '자유정신'으로 정한 것이다. 나는 대체로 작품을 구상할 때 제일 먼저 생각하는 것이 주제다. 주제가 명확하고 뚜렷하면 드라마는 확고해진다. 그리고 스토리는 보다 탄탄해진다고 믿는다.

드라마에서의 자유는 이렇게 표현되었다.

고종: 너는 어찌하여 자꾸만 궐 밖으로만 도망가려 하느냐?
오원: 만약 아직도 소인의 그림을 바라신다면 소인에게 내리신 벼슬을 거두어 주시고 궐 밖으로 내쳐주시옵소서.
고종: 벼슬을 거두어 궐 밖으로 내쳐?
오원: 네. 그래야만 꾸밈이 없고 걸림이 없는 그림이 나올 것 같사옵니다. 그렇지 않고서는 아무래도 이놈의 사모관대는 철쇄보다 더 무겁고 대궐 안은 감옥보다 더 답답하여 끝내 성에 차는 그림을 그리지 못할 것 같사옵니다. 부디 소인을 예서 풀어주시어 자유롭게 해 주신다면…….
고종: 과인은 견뎌오고 있다.
오원: (고종을 올려다본다)
고종: 자네 못지않게 과인도 매일매일 저 담장을 뛰어넘어 끝도 없이 달아나고 싶지만, 여지껏 견뎌오고 또 앞으로 견뎌나가야 한다.

오원: (충격을 받은 듯 고종을 다시 올려다본다.)

여기서 오원은 고종의 쓸쓸한 표정에서 끝없는 초원을 달리는 한 마리의 야생마를 본다.

비장한 음악이 흐른다.

두 번째 오원을 통해 기득권 세력의 가식과 허영을 비웃는다. 서권기書卷氣, 문자향文字香을 입에 달고 살며 오원의 그림을 비웃고 무시하는 양반사회에 대한 통렬한 풍자가 있다. 당대 중원 제1의 명수라는 청나라의 화인 오창석吳昌碩(1844~1927)의 그림을 구해 오라는 권신의 부탁을 받은 역관 하나가 그것을 잘못 간수하여 그림이 못쓰게 되었다. 그러자 이 화禍를 면해보려는 역관은 오원에게 그림을 그대로 모사摸寫하게 하여 권신에게 바친다. 이런 사실을 알 리 없는 권신은 대신들 모두들 불러 모아 '오창석 그림 감상회'를 가진다. 여기에 장안의 화제가 되고 있는 오원을 불러 같이 보게 한다.

정 대감: 오창석은 그림뿐이 아니고 시와 전각에도 일가를 이루고 시문에도 능한 사람이지요. 저 그림을 보오. 문자향, 서권기가 넘치지 않소.

송 대감: 아믄요, 신운이 생동하니 저런 명품을 낳으려면 복중에 만권서가 없고서야 어림없는 일이지요.

권신: 학문부터 닦아야 인품이 생기고 인품이 있어야만 저런 화격畵格이 생기는 걸세. 그런데 저 오원은 어쩔꼬, 쯔쯔

일동, 오원을 한 번 쳐다보고 와 웃는다. 오원 역시, 그들을 한 번 쭉 훑어 보고는 갑자기 파안대소를 한다.

자신을 보고는 서권기, 문자향이 없다고 비웃던 양반들이, 자신이 묘사한 그림을 보고는 서권기, 문자향 운운하며 극찬을 아끼지 않는 양반네들의 가식을 오원은 마음껏 비웃는다. 오원은 눈물까지 흘리면서 낄낄 웃는다. 숙연해지는 장면이다.
그 이후 그는 시서화詩書畫에 서권기 문자향을 주장한 추사의 행적을 찾아 그 본질에 도전한다. 주제는 명확하고 확실했고 작품 전체를 관통했으며 여실했다.
마지막 장면에서 고종은 도망 나간 오원을 놓아준다.
대신들이 그를 잡아 능지처참해야 한다고 주장하자 고종은 이렇게 말한다.

"아니오. 그 사람은 이미 제 일을 다하고 이곳을 떠났소."
"신들이 알기로는……"
"허나 그 사람이 그린 그림은 종이나 비단 위에 그림 그림이 아니라 제 몸을 던져 그림 이상의 그림을 그렸소."

고종은 그를 놓아준다.

2. 캐스팅

보통 예술가를 연상할 때 예민하고 가냘프고 감성적이며 약간 허무적인 인물을 떠올린다. 그러나 나는 오원의 이미지를 처음부터 그런 이미지가 아닌, 터프하고 호방한 인물로 그렸다. 덩치가 크고 촌놈 같고 별명이 '코끼리'인 탤런트 김성겸을 캐스팅했다. 대체로 캐스팅에도 고정관념 같은 것이 있다. 당시 그는 주인공 감이 아니었다. 튼실한 조연이라고나 할까. 모두들 반대했다. 그러나 이상하게도 연약하고 나이브한 이미지는 오원과 전혀 걸맞지 않는다는 생각만은 변함이 없었다. 비슷한 이미지를 찾았지만 한번 머리에 박힌 이미지가 좀처럼 지워지지가 않았다. 주위의 반대에도 불구하고 밀어붙였다. 대신 그를 사랑한 초향이는 가냘프고 연약한 예쁜 김영애를 골랐다. 그 외, 기타 인물에는 아주 굵직한 인물들을 포진시켰다. 내가 잘 쓰는 수법이다. 주인공이 약하면 주위인물들을 호화진으로 구성한다. 자칫하면 주인공이

기가 죽을 수도 있지만 어지간한 경력이면 이를 악물고 그들 호화진과 싸운다. 그래서 훨씬 돋보이는 경우가 많다.

그와 대칭되는 인물인 고종에는 신구를 선택했다. 이만하면 만족이다.

3. 제작 에피소드

나는 되도록 민속촌은 피해왔다. 민속촌은 모든 사극에 다 나오기 때문에 시청자들의 의식 속에는 드라마를 그냥 드라마로 본다. 늘 보던 고가(古家) 때문에 진실되지 않아 보인다. 나는 시청자에게 진실되게 보일 필요가 있고 이 드라마는 정직하다는 인식을 심어주기 위해 민속촌을 피했다.

나는 안동 일대 하회마을과 퇴계사원 등을 비롯한 전통 고가들을 찾아다녔다. 그러나 하회마을 역시 너무 알려져 매력이 없었고 당시로서는 좀 덜 알려져 있던 양동마을이 가장 적합해 보였다. 주 촬영지를 양동마을로 정하고 부분 부분을 안동 일대를 돌아다니며 찍었다. 드라마란 몽타주이기 때문에 이것저것 섞어 놓으면 거기가 어딘지 잘 모를 경우가 많다. 오픈 세트장도 세웠다. 요즘은 어림도 없는 일이지만 당시에 양동 주민들은 잘 협조해 주었다. 그런데 옥산서원에서 촬영 때 말썽이 났다. 소품도 다 배치하고 간단한 세트까지 세우고 막 촬영을 하려고 하는데 관리인이 딱 카메라를 막아섰다.

"촬영 못합니다."

"왜요?"

"약속하고 다릅니다."

"뭐가 다릅니까?"

"이런 신을 찍는다는 말은 없었습니다."

"아니 우리는 전체적인 촬영 허가를 얻었지, 개별 신마다 허락을 얻은 건 아닙니다."

"그래도 안 됩니다."

관리인은 요지부동이었다. 엑스트라까지 모두 백여 명이 촬영을 기다리고 있다. 조연출이 30분을 사정을 했다. 리허설이 다 끝나도록 허락이 떨어지지 않았다. 나는 단호한 결심을 하고 관리인 앞에 섰다.

"좋습니다. 그럼 철수하겠습니다. 그 대신 계약 위반에 따른 위약금을 내놓으셔야 합니다. 방송국은 당신의 말을 믿고 서울에서 여기까지 백여 명이 넘는 인원을 끌고 왔습니다. 이 사람들의 하루 일당, 그리고 버스 임차료, 촬영이 하루 늦어지는 것에 대한 위약금 등등을 모두 보상하셔야 합니다."

관리인의 얼굴이 하얗게 변했다. 조연출이 관리인을 얼른 뒷간으로 끌고 갔다. 잠시 후 조연출이 왔다.

"시작하십시오."

그렇게 어렵게 시작했다.

그 전에 하회마을에서도 그와 같은 시비가 붙었다. 곳곳에 그런 암초들이 있다. 어찌되었던 그런 우여곡절을 거쳐 우리는 촬영을 완성했다.

마지막 장면에서 고종은 그리라는 그림은 팽개치고 오원이 도망쳤다는 보고를 받는다. 세트를 세워 촬영할 수도 있었지만 어쩐지 이 장면만은 실제 어전에서 찍고 싶었다. 고궁은 화재라든지 색채의 변색 같은 걸 막으려는 의도로 실내 촬영은 불허한다. 나는 창덕궁 관리사무소에 앉아 지루하게 드라마를 설명하고 허가를 요청했다. 직원도 오원이라는 인물에 흥미가 있었던지 재미있게 듣고는 혀를 차면서 자기 재량권 밖이라며 거절했다. 나는 흥정을 했다. 그러면 인정전 안으로 들어가지 않고 그 앞에서 촬영하겠다. 그건 좀 허가해 달라고 졸랐다. 1시간 이상 설득 끝에 허락을 얻었다. 카메라를 돌리는 척하다가 다시 담당자에게 인정전 문을 좀 열어줄 수 없느냐고 물었다. 그는 들어갈 거냐고 물었다. 아니다. 임금이 서 있는데 문이 닫혀 있으니까 이상하다. 고종의 배경으로 문(門)이 나오는데 문만 좀 열고 촬영하게 해 달라고 사정을 했다. 그는 또 몇 번이나 망설이더니 문을 열어주었다. 우리는 의도했던 영상을 얻을 수 있었다.

마지막 장면만 남았다. 오원이 스님을 따라 속세를 떠나는 장면이다. 나는 대체로 엔딩에 힘을 많이 준다. 엔딩을 감동적으로 마무리하기 위해, 그 한 장면을 찍기 위해 천릿길도 마다하지 않는다. 이 드라마도 그래야 했다.

나는 대관령에서 라스트를 찍기로 결심을 하고 이 장면 하나만을 위해 스태프들을 끌고 강원도로 갔다. 나는 버스를 끌고 삼양목장 깊숙이 들어갔다. 해는 지는데 바람은 사람이 날아갈 지경으로 거칠었다. 마땅치 않았다. 다시 버스를 돌려 나오는데 들어갈 때 못 보았던 한 장소가 눈에 들어왔다. 석양을 배경으로 거대한 잣나무 한 그루가 광풍에 미친 듯이 흔들리는 광경은 실로 장관이었다. 카메라 포지션과 연기자의 거리는 500미터는 족히 되었다. 그것도 바람이 부는 언덕을 올라가야 한다. 나는 미친 듯이 소리쳤다.

"빨리, 빨리."

연기자는 허겁지겁 올라갔다. 30분 정도가 걸렸다. 해는 이미 넘어가고 있었다. 그와 동시에 바람은 더욱 세차졌다. 나는 그 그림을 배경을 엔딩 크레디트타이틀을 올렸다. 누가 그랬다. 저 장면을 어떻게 찍었느냐고. 강풍기로 돌려 나무를 흔들었느냐고. 나는 그냥 웃었다.

4. 제작 그 후

내가 제작 이후 가장 신경을 쓰는 분야는 음악이다. 특히 사극일 경우가 그렇다. 서양음악도 아니고 그렇다고 국악 처리는 너무 안이한 발상이다. 나는 한양합주를 기획했다. 작곡자가 마땅치 않았다. 나는 당시 중앙대 교수였던 박범훈 교수에게 대본을 보냈다. 대본이 좋으면 작곡을 부탁한다고 그가 승낙을 했다. 중앙대 국악관현악단이 연주한 배경음악은 상상외로 좋았다. 나는 대만족이었다. 그러나 방송이 나간 후 작가는 내게 심한 불만을 토로했다. 음악 때문에 드라마가 죽었다고. 음악이 좋으면 시청자들은 음악에 마음이 빼앗겨 드라마에 소홀해지기 때문이다.

1988년 3월 KBS 창사특집 드라마로 방영되었다. 임권택 감독의 〈취화선〉보다 13년이 빨랐다. 이것은 88올림픽을 앞두고 재방되었다. 이를 본 당시 문광부 이어령 장관에게서 전화가 왔다. 정말 좋은 드라마를 보았다고. 작가가 누구냐고 물었다. 올림픽 기간 중에 그 드라마는 작가의 각색으로 연극으로 다시 재탄생되었다.

누가 나에게 대표작을 묻는다면 나는 스스럼없이 〈사로잡힌 영혼〉이라고 말한다. 1989년 제1회 프로듀서상, 제25회 백상대상 최우수작품상, 1988년 방송대상 음악상, 1988년 KBS연기대상 최우수연기상 등 4관왕을 차지했다.

나는 그 드라마를 만든 것에 자부심을 느낀다.

| 제작일기 |

예술의 이상을 그리는
그 특별한 경지, <금시조>

원작: 이문열

1. 기획 의도

"서화는 예藝입니까? 법法입니까? 도道입니까?"
"도다."
"그렇다면 서예나 서법이란 말은 왜 있습니까?"
"예는 도의 향이며, 법은 도의 옷이다. 도가 없으면 예도 법도 없다."
"그럼 어린 학동들에게 붓을 쥐어 글씨를 쓰게 함은 어인 일이 옵니까?"
"기예를 닦으면서 도가 아우르기를 기다리는 것이다. 평생 기예에 머물면 예능藝能이 되고 도로 한 발자국 나아가면 예술藝術이 되고 혼연히 합일이 되면 예도藝道가 된다."

　1981년 12월 ≪현대문학≫에 실린 이문열의 〈금시조〉의 한 대목이다.

　글을 읽는 순간 전율 같은 것이 등줄기를 타고 내려가는 느낌이었다. 정신이 번쩍 들었다. 이런 소설이 있다니……. 나는 흥분했다.

　당시 나는 햇병아리 문학관 연출가로, 기라성 같은 선배들과 연출경쟁을 하고 있었다. 두 번째로 연출한 ≪돌의 초상최인호 원작≫으로 나는 비록 사내에서 주는 상이지만 〈우수 프로그램상〉을 받은 '주목받는 신예'였다. 그리고 당시는 'TV문학관' 연출을 한다는 자체가 영광이었던 시절이었고, 그것만으로도 최고의 연출자라는 자부심을 심어주던 때였다. 초창기의 'TV문학관'은 대부분 샤머니즘 계열의 작품들이었다. 그것은 제1화 김동리의 〈을화〉의 성공이 가져온 결과였다. 그러나 나는 비교적 현대작품에서 골랐다. 그래서 나는 개인적으로 정기 구독하는 2권의 문학잡지 외에 사내 도서관에서 월간지에 실린 소설들을 샅샅이 찾아 읽었다. 그러나 그 수많은 작품들을 다 읽을 시간이 없었다. 그래서 나는 월평 위주로, 월평에 호평을 받은 소설들 위주로 읽어나갔다. 나의 작품선별 방법은 주효했다. 나는 〈금시조〉를 읽은 즉시 작가에게 전화를 했다. 작가 이문열과 나는 그의 소설 〈사라진 것들을 위하여〉라는 작품을 이미 드라마화한 바 있었고 그 작품은 내 문학관 데뷔작품이었던 동시에 작가 이문열도 자기 작품이 TV로 각색되어 방영되는 최초의 작품이었다. 그런 인과관계로 원작 승인은 전화 한 통으로 간단하게 끝났다. 발표된 지 한 달 만에 나는 원작을 잡은 것이다.

　며칠 후 동료 PD가 나를 찾아왔다. 자기 전공이 미술인데 그 작품이 욕심을 난다고. 양보해줄 의향이 없느냐고 물었다. 나는 단호히 거절했다. 작품 하나 찾는 일이 보통 노력으로 얻어지는 것이 아니다. 자기 취향에도 맞아야 하고 영상으로도 제작이 가능해야 한다. 중요한 것은 대중성도 어느 정도 감안해야 한다. 그러나 무엇보다도 성공할 자신이 있어야 한다. 이런 저런 조건에 맞는 작품을 찾는 일은 그리 간단치가 않다. 대부분의 PD들은 먼저 극본을 쓸 작가를 정하고 그 작가가 원작소설을 찾는 방식을 택한다. 그러나 나는 내가 원작소설을 선택하고 그 다음 그 작품을 드라마로 각색할 작가를 찾았다. 나는 비교적 문학에 관심이 있는 편이었기에 가능했지만 그렇지 않은 연출자에게 작품 고르는 일은 대단히 지난한 일일 수밖에 없었다. 그래서 나는 한 번도 차기 작품을 못 골라 난감해 한 일은 없었다. 지금도 나는 2편 정도의 문학관용 소설을 갖고 있다. 당장 만들라고 해도 바로 크랭크 인 할 수 있다.

　나는 그 작품의 예술론에 매료되었을 뿐만 아니라, 드라마의 재미 중 가장 중요한 요소의 하나인 사랑 부분에서도 가슴이 써늘해지는 충격을 받았다.

　주인공인 고죽古竹은 스승의 내침을 받고 여기저기 떠돈다. 어느 지방 유지의 초청 술자리에서 그림 한 점을 그려달라는 요청을 받고 그의 시중을 들던 매향梅香이라는 기생의 치마폭에 매화 한

〈금시조〉　189

폭을 그려준다. 고죽은 등걸이 메마르고 겨우 꽃 두 송이만 피운 초라한 매화를 그려준다. 기생 매화가 묻는다.

"어찌 이 매화가 이리 춥고 메마릅니까?"

"정사초의 난의 뿌리가 드러나는 것을 보았느냐?"

선문답 같은 대화지만 나는 그 문장을 읽으면서 나의 무식이 부끄러웠다. 고죽은 스승이 초라한 매화를 그리고, 잎이 거의 없는 대나무를 그리자 스승에게 어찌 그리하느냐고 묻는다. 스승이 그런다.

"망국亡國의 대나무가 무슨 흥으로 그 잎이 무성하며 부끄럽게 살아남은 유신遺臣의 붓에서 무슨 힘이 남아 매화를 꽃 피우겠느냐."

고죽은 그런 스승을 비웃는다. '원나라에 출사한 조맹부의 송설체는 비천하고 망국의 한을 그런 식으로 그린 정사초의 난만 홀로 향기롭다는 말은 듣지 못했다.'고 대든다. 그런 그가 권번기의

치마에 등걸이 메마른 매화를 그려주고는 정사초 난의 뿌리가 드러나는 것을 보았느냐고 묻는다. 그 뜻, 또한 그때까지 나는 알지 못했다.

매화의 프러포즈 또한 나의 무릎을 치게 했다.

"이 추운 겨울 밤, 제 속치마를 적시었으니 오늘 밤은 선생님께서 제 한 몸을 거두어 주셔야겠습니다."

나는 소설 전체를 외울 만큼 탐독했다. 그리고 문장 하나 빼놓지 않고 이를 여하히 드라마에 반영시킬까를 고민했다. 이제 각색자를 고민해야 했다. 어려운 작품은 드라마로의 각색도 그만큼 어렵다. 소설의 그것과 드라마의 그것은 다를 수 있다. 소설의 어려운 테제를 여하히 흥미 있게 끌고 갈 수 있는 극적 배치가 우선되어야 한다. 원작 수준은 이미 넘칠 만큼 품격이 있다. 이를 유지하면서도 드라마다운 재미를 이끌어 내야 한다. 나는

나의 문학관 데뷔작인 이문열의 〈사라진 것들을 위하여〉를 각색하여 호평을 받은 당대 최고의 작가 중의 한 사람인 이은성 작가에게 부탁했다. 그는 흔쾌히 수락했고 원작을 읽은 후 생애 최고의 작품을 만들어보겠다며 전의를 불태웠다. 그러나 그는 너무 심각하게 고민했다. 일 년이 지나도록 한 장도 못 썼다. 원작보다 더 잘 써야 한다는 중압감에 눌려 한 줄도 못 쓴 것이다. 나는 작가를 교체했다. 비교적 심각하지 않으면서도 그런대로 품격을 유지할 작가로 교체했다. 3개월 만에 작품이 나왔다. 각색자는 원작의 스토리를 대체로 그대로 따라갔으니 나머지는 연출자가 알아서 하라고만 했다. 나는 원작을 다시 읽고 각색대본과 비교하면서 부족한 부분과 보충할 부분을 심각하게 고민해 수정했다.

그러나 기획안을 올리자 윗사람들의 반대가 있었다. 이런 어려운 작품이 과연 TV에 맞는가 하는 의문을 제기한 것이다. 분명 어려운 작품이긴 하지만 이 작품이야말로 드라마로서 거의 완벽한 작품이라는 점을 강조했다. 어떻게 풀어 가느냐에 따라 대중성, 즉 재미를 충분히 확보할 수 있다는 점을 설명하고 성공시킬 자신이 있다는 소신을 거듭 피력했다. 워낙 내 의지가 확고하니까 결재를 해주면서도 잘 만들어야 한다고 거듭 압력을 넣었다. 그도 그럴 것이 당시 사장은 'TV문학관'을 KBS의 대표 프로로 만들기 위해 자신이 직접 모니터를 하는 등 지대한 관심을 보였고, 실패했을 경우에는 가차 없이 연출자를 교체하는 동시에 이사나 국장을 심하게 질책했기 때문이다.

2. 극적 장치들

 드라마에서 도입부는 매우 중요하다. 이야기를 어떻게 시작하느냐에 따라 시청자들을 끝까지 끌고 갈 수 있느냐가 결정되기 때문이다, 그리고 둘째는 드라마의 클라이맥스 부분에서의 감동과 라스트 신에서의 여운 등이 드라마의 3대 핵심요소다. 나는 드라마 도입부에서 주인공 고죽이 아픈 몸을 이끌고 도처에 산재해 있는 자기 작품을 왜, 무엇 때문에 거두어들이는가에 대한 의문을 끝까지 끌고 가도록 구성하면서 작품 곳곳에 산재해 있는 스승과 제자와의 갈등을 에스컬레이터 시키도록 구성했다.
 그리고 이 작품의 갈등은 그 어느 작품보다 명확하고 팽팽하다. 이 갈등을 끝까지 유지하도록 해야 한다. 스승은 '서화는 심화心畵'라는 주장이고, 제자는 '서화는 서화일 뿐'이라는 예술 지향적 사고를 갖고 있다. 그래서 스승은 제자를 천골賤骨이라고 무시하고 제자는 스승의 지나친 명분에 반발한다. 이 두 갈등을 화해할 기미 없이 평행선을 달린다. 그러나 스승은 죽으면서 자신의 관상명정棺上銘旌을 제자인 고죽에게 쓰도록 한다. 제자의 글을 지하까지 가져가겠다는 뜻이다. 그만큼 제자의 글을 사랑했다는 뜻이다. 팽팽하던 갈등이 극적으로 폭발하며 허물어진다. 제자는 그제야 스승의 참뜻을 깨닫고 울면서 관상명정을 쓴다. 이 장면은 드라마의 클라이맥스였다. 촬영을 하면서 주인공 김흥기는 얼마나 울었던지 눈이 붉게 충혈되어 잠시 촬영이 중단되기도 했다. 스승이 제자를 그토록 박대한 것은 제자의 재기才氣가 너무 승하여

서도書道의 길을 가기보다는 한낱 장인으로만 머물 수 있음을 우려했기 때문이었다. 스승의 이러한 우려도 엔딩에서 해소된다.

고죽이 죽기 직전, 평생 자신이 쓰고 그린 그림과 글씨들을 사들이는 것을 많은 사람들은 자신의 기념관을 만들려고 그런다고 짐작을 한다. 하지만 그는 임종을 맞은 자리에서 그가 그동안 거두어들인 자신의 그림과 글씨들을 한 점, 한 점 품평하면서 스승이 생전에 그렇게 강조하던 서권기書卷氣, 문자향文字香이 없다고 한탄하며 그 모든 서화를 불태워 버린다. 고죽은 "글을 쓰매 그 기상은 금시조가 푸른 바다를 쪼개고 용을 잡아올리듯 하고, 그 투철함은 코끼리가 그 바닥으로부터 냇물을 가르고 내를 건너듯 하라[金翅劈海 香象渡河]"는 스승의 말씀을 상기하고 타오르는 불더미 속에서 홀연히 솟아오르는 한 마리의 거대한 금시조를 본다. 스승이 그토록 추구하던 서도書道의 경지를 깨우치고 세상을 뜬다. 갈등의 극적인 화해와 완벽한 반전이었다.

그러나 멜로적 요소가 적다는 것이 흠이라면 흠이었다. 원작은 매향과의 사이에 태어난 딸과의 인연을 아주 짧게 한마디만 언급하고 있다. 그러나 드라마는 고죽이 정처 없이 떠도는 중에, 매향이 아편을 먹고 자살했으며 그들 사이에 난 딸이 외가에 몸을 의탁하고 있다는 사실을 알자, 이제 막 초등학교에 입학한 딸이 다니는 학교를 찾아간다. 아버지라는 말도 안 하고 고죽은 딸을 끌어안고 얼굴을 비비며 눈물을 흘리며 지전 몇 장을 쥐어준다. 그리고 뒤돌아서 긴 복도를 울면서 걸어 나오는, 대사도 없는 1분 남짓한 장면은 이 드라마에서 가장 슬픈 장면이었다.

3. 캐스팅과 촬영

당시는 문학관 초창기라 모든 배우들이 출연을 원했다. 심지어는 제작이사를 찾아가 캐스팅을 안 해준다고 항의를 할 정도였다. 당시 40대 모 여자 탤런트 한 사람은 20세 처녀 역을 탐낼 정도였으니까. 그러나 나는 소위 트로이카로 자처하거나 세칭 유명 탤런트들을 배제하는 쪽이었다. 그 이유는 대체로 인기 있는 연기자들은 자기 연기를 고집한다. 작품에 녹아들지 않고 자기 패턴대로 연기를 한다. 연출자가 이런저런 주문을 해도 그들은 좀처럼 변하지 않는다. 그러다 보니 그들의 연기는 대개 엇비슷하게 고착되어 있다. 나는 탤런트 '누구'가 아니라 작품 속에 '누구'이길 원했다. 소위 연출자가 해석하는 인물로 태어나길 바랐던 것이다. 유명 탤런트를 기용하지 않는 또 다른 이유는 그들의 바쁜 일정으로 인해 연출이 원하는 것을 담을 수 없다는 사실이다. 그리고 그들은 많은 멜로드라마에 출연한 관계로 이미지가 통속적으로 고정되어 있는 경우가 많았다. 그런 이유로 나는 인기 있는 탤런트보다는 연기력 있는 배우들을 캐스팅하는 경우가 많았고 탤런트 인기에 편승하기보다는 연출력에 승부를 거는 편이었다. 이 작품도 처음부터 그랬다.

나는 원작을 읽을 때부터 꼬장꼬장한 스승으로 신구가 떠올랐다. 탤런트 신구는 내가 가장 많이 캐스팅한 배우 중 한 사람이다. 그는 배역에 대해 비교적 정확하게 해석하는 편이고 연기의 스펙트럼도 상당히 넓었다. 성깔 있는 선비에서 바보 역까지 다양하게 소화한 줄 아는 배우다. 김흥기는 당시 KBS 내에서 가장 연기력 있는 탤런트 중 하나였지만 인기 탤런트는 아니었다. 민방에서 넘어온 인기 있는 연속극 배우들 틈새에 끼여 고전하고 있었다. 배역을 탐하는 연기자들은 많았지만 나는 그를 선택했다. 매화 역은 화려하면 안 된다. 어두운 우수가 있어야 한다. 하미혜가 캐스팅되었다. 그녀 역시 당대의 트로이카들에 치여 존재가 미미했다.

 이 작품의 가장 중요한 부분은 그림이었다. 탤런트들이 그림을 그릴 수 있는 것도 아니고 또 전문가들이 봤을 때도 그럴듯해야 한다. 나는 지방 방송국을 통해 서화가들을 섭외했고 얼마 후 강암剛菴 송성용 선생의 승낙을 받아냈으며 선생이 직접 수십 점의 서화를 그려주었다. 그러나 촬영현장은 고령이어서 따라다닐 수가 없었고 제자들이 손을 빌려주었다. 드라마의 내용과 걸맞은 격조 높은 서화들을 곳곳에 선보일 수 있었다.

 그러나 이 작품의 결정적인 흠은 겨울철에만 촬영되었다는 것이다. 당시는 사계절을 촬영한다는 것은 거의 불가능했다. 여름 장면은 카메라 자세를 낮추어 태양과 주인공 얼굴만을 잡고 스프레이로 땀을 만들어가며 부분적으로 촬영했고 모조 매화나무를 심어 봄 장면을 재현했다. 한 사람의 일생을 다루는 드라마가 한 철에서만 이루어졌다는 것은 당시의 열악한 제작 환경을 말해주는 것이기도 하다. 또 하나 지금도 크게 개선된 바 없지만 미숙한 분장이었다. 37세의 연기자를 70세 노인으로 분장하는 데는 고작 머리에 흰 칠 하는 것으로 그쳐 민망하기 그지없었다.

이 드라마의 갈등구조는 거의 증오 수준이다. 스승 몰래 붓을 잡다가 들킨 세자에게 스승은 냉담하게 이른다. "나가서 몸을 씻고 오너라. 네 몸의 먹 냄새는 창부娼婦의 지분 냄새보다 더 견딜 수 없구나." 제자는 나가 찬물을 뒤집어쓰며 분노를 삭인다. 우물가에서 찬물을 뒤집어쓰는 장면은 그해 겨울 가장 추웠던 밤에 이루어졌다. 자꾸만 NG가 났다. 조명이, 카메라가 연신 '다시'를 반복했다. 한 시간째 연기자는 찬물을 뒤집어썼다. 어지간히도 OK를 내지 않은 나를 두고 김흥기는 가학취미가 있는 잔인한 사람이라고 몰아붙였다.

4. 후기

이 작품은 1983년 신년특집 형식으로 방송되었다. 2년이 걸렸다. 원작의 힘이겠지만 상당한 호평을 받았다. 그해 1월에 방영된 외화 〈마르코 폴로〉를 젖히고 1위를 차지했다. 방송 후 120여 개국에 한국 홍보드라마로 영역되어 각국 공보관에 배치되었다. 나의 대표작이 〈사로잡힌 영혼〉이라면 〈금시조〉는 신예 연출가에서 중견 연출자로 자리매김한 의미 있는 작품이며 나의 위치를 확고히 해준 드라마였다. 드라마 역사상 이렇게 어려운 드라마는 없다고 해도 과언이 아니었음에도 별다른 거부감 없이 대중들에게 다가간 것이다.

그러나 이 글을 쓰기 위해 비디오를 다시 보면서 나는 눈물지었다. 주인공을 했던 김흥기는 이미 고인이 되었고, 주인공의 아내 역을 했던 남윤정도. 음악을 작곡한 이철혁 선생도 세상을 떴다. 여주인공인 하미혜는 암으로 투병 중이다. 세상의 무상함을 탄식한다. 30년 전의 일이다. 새삼 그들이 그리워진다.

| 제작기 |

포에틱(Poetic) 필름, <홍어>
원작: 김주영

1. 기획

 2001년, 나는 당시로서는 과감한 모험을 했다. 몇몇 PD들이 기획했다가 눈이 오지 않는 바람에 포기한 김주영의 ≪홍어≫를 제작하기로 결심했다. 사실 ≪홍어≫는 누구라도 탐낼 작품이었다. 그때까지 눈다운 눈이 내리지 않아 모두들 포기했을 뿐이었다. 나는 드라마 제작국장에서 물러난 뒤 연출한 몇몇 프로들이 연속적으로 성공함으로써 한국 최초의 '대*PD'라는 계관 연출가로서의 명예로운 직위를 얻은 직후였다. 그 다음 프로는 명실상부한 '대PD'다운 작품을 만들어야 하기에 상당한 부담을 안고 있었다. 남보다 무언가 다른 특별난 것을 찾아야 했다. 야망이 있는 PD들은 한번쯤 ≪홍어≫를 건드려 봤다. 그러나 눈이 언제 올지도 모르고 원작에 나오는 '1960년대의 깊은 산골 초가집'을 찾기란 그리 쉬운 일이 아니었다. 작품은 탐나지만 누구도 선뜻 손을 내밀지 못하고 있었다. 나는 작품을 꼼꼼히 체크했다. ≪홍어≫는 난해한 작품이었다. 읽는 사람에 따라 여러 가지로 해석될 수도 있고 또 그런 만큼 애매하기도 했다. 그러나 작품에는 아름다움이 있었고 망각의 저편에 감추어진 추억이나 동심이 하나의 흑백사진처럼 아련한 작품이었다. 눈이 내리는 시골 풍경이 있고, 가난한 어린 시절의 '나'가 있었다. 그리고 아름다운 언어의 시적(詩的)인 작품이었다.

우리들의 성장기에 겪었던 상처와 욕망, 고통과 환희가 고개를 끄덕이게 했다. 가와바다 야스나리의 ≪설국≫이 눈의 이미지를 풍경의 아름다움으로 승화시켰다면 ≪홍어≫는 눈 내리는 시골 풍경의 아름다움뿐 아니라 흰 눈발 속에 치열한 삶의 스토리를 펼쳐놓았다. 고즈넉하게 남편을 기다리고는 있지만 언젠가 폭발하고 말 것 같은 어머니의 칩거는 상당한 긴장감을 불러온다. 그리고 어머니가 떠남으로써 끝나는 엔딩은 유교적이고 가부장적인 결말을 기대했던 많은 시청자들의 의표를 찌르는 극적인 반전이었다. 미학적일뿐더러 드라마적이었다. 그런 작품은 흔치 않다. 미학적이면 드라마가 없고 드라마가 있으면 미학이 없는 것이 일반적이다. 아름답고 재미있는 한 편의 포에틱 필름(Poetic Film)이 될 수 있을 것 같았다.

그러나 이 작품의 매력은 표현 하나 하나, 문장 한 줄 한 줄이 보석처럼 아름답다는 것이다. 이 문학적 수사를 어떻게 드라마로 옮겨 놓을 것인가? 대체로 유명 문학작품을 드라마로 옮겨 놓았을 경우 시청률은 높지만 좋은 평을 얻기가 어렵다. 글로 읽는 문학작품은 읽는 이의 처지나 교양의 정도, 그 환경에 따라 그 감동이 제각기 다르기 때문이다. 그러나 TV는 출연하는 배우나 장소 등에 의해 그 이미지가 한정되어 버린다. 예를 들어 '장희빈'을 주인공으로 한 소설을 독자들이 읽는다면 독자 개개인이 생각하는 장희빈은 제각각일 수밖에 없다. 그러나 TV에서 장희빈 역을 탤런트 김혜수가 했다면 천만 명이 보든 이미지는 대동소이하다. 이를 두고 'TV의 강제성'이라고 한다. 그래서 자신의 이미지와 맞지 않다든지 자신이 생각했던 어떤 감동에 못 미쳤다고 생각되면 원작보다 못하다는 평가를 내리고 만다.

≪홍어≫의 경우는 원작이 워낙 탄탄하고 문학적 완성도도 높기 때문에 어지간히 잘 만들지 못하면 비난받을 수 있는 여지가 많은 작품이었다. '원작의 문학적 향기를 어떻게 살려낼 것인가.'가 우선 과제였다. 주인공들의 내면의 심리적 갈등으로 풀어낸 보석처럼 빛나는 '원작 속의 지문'들을 어떻게 'TV대사화化'할 것인가가 가장 큰 난제였다. 각색자들은 이 난제를 풀지 못했다. 원작의 빛나는 문장들을 다 죽여 스토리만 남은 아주 건조한 작품을 만들어 오거나 원작의 문장에 얽매어 스토리가 없는 극본을 써 오기도 했다. 몇 사람의 작가들을 거쳤지만 제대로 된 극본을 건질 수가 없었다.

2. 각색

연출자가 각색 작업에 참여하기로 결심했다. 드라마를 염두에 두고 기승전결의 관점으로 분석하고, 중요하다 싶은 장면들은 메모하면서 원작을 두세 번 다시 읽었다. 막연하던 주제가 눈에 들어왔다. 작품의 방향을 두 줄기로 요약했다. 하나는 13세 어린 소년의 눈으로 본 일종의 '성장 드라마'로 가닥을 잡았다. 이제 막 성(性)에 눈뜨기 시작한 어린 소년이 마주치는 세상의 모순과 혼돈(混沌), 그리고 만남과 헤어짐의 슬픔 등등의 에피소드를 한 축으로 가난했지만 순수했던 우리들의 어린 시절을 눈 덮인 산골을 배경으로 아름답게 펼쳐 보이기로 작정을 했다. 화면 자체만으로도 충분히 감동을 줄 수 있는 아름답고 감동적인 영상, 즉 '영상에세이' 같은 작품이 되어야만 했다. 실제로 나는 드라마에 노루·늑대·새·노을·눈 덮인 초가, 바람에 흩날리는 낙설(落雪) 등을 담았고, 어린 시절 우리들의 놀이였던 썰매타기·눈타기·팽이치기·연날리기 등을 재현해, 보는 사람들로 하여금 아련한 추

억 속으로 잠기게 했다. 아버지의 부재에서 오는 외로움, 사랑받고 싶은 소년다운 순수한 투정 등 어린 날에 겪는 성장의 고통들은 김주영의 성장 소설인 ≪고기잡이는 갈대를 꺾지 않는다≫와 ≪어린 날의 초상≫ 등에서도 보충했다.

 그리고 나는 원작의 아름다운 문장을 어떤 방식으로든 살리고 싶었다. 고심 끝에 드라마에 내레이션을 넣기로 했다. 화면에는 어린 소년이 등장하는데 내레이션은 그 소년이 어른에 되어 회상하는 형식을 취한 것이다. 일반적으로 화면에 등장하는 인물이 그 자신의 소리를 들려주는 형식이 보편적인데 내가 선택한 이런 형식은 그전에 시도되지 않았던 상당히 이색적인 것이었다. 어색할 것 같아 조바심을 많이 쳤는데 탤런트들과 독회(讀會)하는 과정에서도 전혀 어색함이 느껴지지 않았다. 그래서 원작의 문학적인 많은 부분들이 드라마에 반영되어 단순 드라마가 아니라 상당히

격조 높은 드라마라는 인식을 심어주기에 충분했다.

성장 드라마가 일종의 에피소드라면 이 작품을 끌고 가는 가장 중요한 메인 줄거리는 어머니의 '칩거와 날기'다. 가장의 가출로 인한 심한 모욕감과 그로 인한 절망, 그리고 인간적인 욕망 등을 자신의 내면에 깊숙이 감추고 오로지 인내로 고통의 세월을 견디는 어머니는 이 작품의 활화산이다. 언제 폭발할지 모르는 긴장감을 준다. 원작에는 많은 미문美文으로 어머니의 심리를 절절하게 묘사하고 있다. 감춤으로써 드러내야 하는 TV 속성상 그런 표현들을 다 대사로 처리할 수가 없었다. 고심 끝에 나는 그 상징성을 가곡 〈이별의 노래〉에서 찾았다. 3절 가사,

"산촌에 눈이 쌓인 어느 날 밤에 촛불을 밝혀두고 나 홀로 울리라."

이 노래는 두 가지 상징성을 부여할 수 있었다. 어머니의 '외로움'과 엔딩에서의 '집 떠남의 의미'다. 남편이 돌아오고 모든 것들이 다 정상을 되찾은 그 시점에서 어머니가 왜 집을 나가야 하는가에 대한 '당위성'이다. 엔딩에서 남편이 돌아오고 어머니가 집을 떠나버린 새벽, 어린 아들은 눈 위에 박힌 어머니의 발자국을 따라 막 동이 트는 언덕에 올라 서러움에 목이 맺혀 어머니를 부른다. 그 배경음악으로 이 노래가 깔린다.

그리고 이 드라마의 배경이 된 1960년대의 눈 내리는 시골 풍경을 상징하는 음악으로는 이수인의 〈고향의 노래〉로 그 서정성을 보탰다.

"국화꽃 져버린 겨울 뜨락에 창 열면 하얗게 무서리 나리

고······."의 가사는 이 작품 전체를 관통하는 아우라(aura)였다. 이것은 단순히 배경음악이 아니라 작품 그 자체였다. 그리고 이러한 메타포 이외에 원작에는 없는 염색장을 설정해 붉고 푸른 화려한 색상의 천들 속에 내재한 어머니의 욕망을 드러내 보였다. 인간적인 욕구를 절제하기 위해 바늘로 손을 찌르는 장면, 홍어를 칼로 내리치는 장면, "이제는 겨울 허수아비처럼 곧 바스라질 것 같은데······." 등등의 대사에서 어머니의 갈등과 치욕적인 삶에 대한 저항을 표현했고 이는 엔딩에서 어머니가 떠날 수밖에 없는 당위성을 예고했다.

 일단 방향은 정해졌지만 원작의 이야기는 넘치고 드라마는 100분 이내에 갇혀 있었다. 다시 생략해야 할 부분들을 검토했다. 앞부분은 대부분 살리고 뒷부분, 즉 집 나간 '닭'을 찾아다니는 부분과 그로 인한 뒷집 남자와의 갈등 같은 것은 드라마 전체의 흐름으로 봐서 굳이 삽입하지 않아도 무방한 듯했고 오히려 그 뒷부분을 생략함으로써 드라마의 밀도가 더 촘촘해질 것 같았다. 그리고 동물을 상대로 한 연출이란 그리 쉬운 것이 아니기 때문에 그 부분을 생략하기로 마음을 먹었다.

 몇 번의 수정을 거쳐 대본이 완성되었다. 그러나 어쩐지 엉성해 보였다. 딱히 꼬집어 말할 수는 없지만 무언가가 부족해 보였다. 그러나 방송시간은 다가오는데 마냥 대본 수정에만 매달릴 수가 없었다. 절대시간이 부족하면 질 좋은 연출을 담보할 수가 없다.

3. 캐스팅

캐스팅에 들어갔다. 원작에서 어머니는 30대로 설정되어 있다. 그러나 실제로 그 나이 또래 연기자로는 이 작품을 감당할 수 없을 것 같았다. 나는 40대 전후로 나이를 올리는 대신 나이에 비해 젊어 보이는 연기자를 찾았다. 당시의 TV문학관은 1980년대의 그 옛날 명성에 미치지 못했다. 과거에는 누구나 출연하고 싶어 했던 드라마지만, 들인 정성에 비해 출연료도 적을 뿐 아니라 그 효과도 미미하기 때문에 모두들 기피하는 프로 중의 하나였다. 다시 말해 과거에는 이미지 메이킹(Image Making)을 더 중요시했지만, 당시나 지금은 메이커 머니(Make Money)를 더 추구한다. 게다가 이 프로는 제작기간 내내 풀(full) 스케줄을 내주어야만 가능했다. 그래서 모두들 기피했다. 나는 비단 이 프로가 아니더라도 본래 유명 스타보다는 성실하고 연기력이 탄탄한 연기자들을 더 선호했다. 이 작품에서도 예외는 아니었다. 특히 이 작품은 눈 덮인 산골에서 20일 정도는 숙식을 해야 가능한 프로였다.

딜레마였다. 드라마의 80%를 끌고 가야 하는 가장 중요한 여주인공을 찾지 못했다. 고민에 빠져있던 어느 날, 대본을 읽고 자기가 그 역을 한번 해보고 싶다는 배우가 나타난 것이다. 주인공급 배우는 아니지만 당시로서는 굉장히 잘 팔리는, 연기력이 상당한 여배우 중의 한 사람이었다. 나이가 좀 들어 보이는 게 흠이었다. 나는 나이를 조금 더 올렸고 그 이유를 대본에 명시했다. 그녀는 제작기간 내내 헌신적으로 스케줄을 내어주었고 나는 덕분에 조바심을 치지 않고서도 다소 느긋하게 연출에 욕심을 부릴 수 있었다. 혹독한 추위 속에서 일주일 내내 새벽 4시에 일어나 다음 날, 날 밝을 때까지 강행군을 하는데도 불평 한번 없이 잘 따라주었다.

4. 장소 헌팅

어쨌든 힘든 과정이 있었지만 캐스팅은 완료되었고 이번에는 장소를 찾아야 했다. 1960년대 깊은 산골 외딴 초가집, 눈 내리는 겨울, 눈도 그냥 눈이 아니라 툇마루까지 쌓이는 그런 장소를 찾아야 한다. 우리나라에서 눈이 가장 많이 오는 곳은 대관령이다. 일주일을 대관령 근처를 찾아 헤맸다. 조건도 까다로웠다. 야간 촬영이 많은 작품의 특성상 도로에서 100미터 이상 떨어지면 조

명 케이블 설치가 곤란해진다. 그뿐만 아니라 겨울철이라 스태프나 배우들이 촬영 중간 중간에 옷도 갈아입고 추위도 녹여야 하기 때문에 버스가 가까운 거리에 대기할 수 있어야 한다. 그리고 전봇대나 현대 건물 같은 것이 보이면 안 되는 것은 물론이고 소음도 들리지 않아야 한다.

일주일 내내 강원도 골짝을 뒤졌다. 그러나 그런 조건에 맞는 장소는 어디에도 없었다. 출장 마지막날 우리는 포기하고 서울로 올라가려고 고속도로 톨게이트로 향하고 있었다. 마음이 착잡했다. 만용을 부렸나? 사람들은 그랬다. 이 작품은 하늘이 도와주지 않으면 안 되는 작품이라고. 대PD가 되고 난 후, 첫 번째 작품이라 잘 만들어야 한다는 강박관념이 다소 무리를 했다는 후회가 밀려왔다. 스태프들은 벌써 잠잘 채비를 하고 있었고, 버스는 '평창 축산연구소' 앞을 통과하고 있었다. 눈을 감고 이 생각 저 생각

을 하던 나는 무심코 눈을 뜨고 차창 밖을 보는데 섬광 같은 무엇이 지나가는 느낌을 받았다. 이미 저만치 멀어가는 건물을 뒤돌아봤다. "에이, 저 현대식 건물에 뭐가 있을라고?" 하고 다시 의자에 몸을 묻는데 자꾸만 뒷머리를 끌어당기는 느낌을 받았다. 나는 차가 이미 100m 이상을 지나 왔는데도 불구하고 차를 세웠다.

"차 돌립시다."

버스기사가 투덜거렸다. 축산연구소 앞에 차를 세우고 나는 시큰둥한 스태프들을 차에 남겨두고 혼자 건물 뒤쪽으로 어슬렁어슬렁 걸어갔다. 세상에! 100m 조금 못 간 지점에 그렇게 애타게 찾던 장소가 나타난 것이다. 세트 디자이너는 그 자리에서 오픈 세트장 도면을 그려냈다. 일주일 후에 공사를 시작하기로 축산연구소의 양해를 구했다.

5. 촬영

이제는 진짜 하늘이 도와주어야 할 차례다. 눈이 와 주어야 했다. 눈도 그냥 눈이 아니라 폭설이 와주어야 했다. 나는 이 작품을 기획할 때부터 올해는 어쩐지 눈이 많이 올 것 같은 근거 없는 막연한 예감이 들었다. 나는 눈이 오지 않으면 이 작품을 다음으로 미루고, 다른 작품을 할 각오로 이미 작품도 골라 놓은 상태였다.

나의 이런 기원이 맞아떨어진 건지 세트가 완성되기도 전에 제법 많은 눈이 왔다. 그러나 내가 원하는 만큼은 아니었다. "이건 아닌데, 어쩌지." 하면서도 인서트(insert) 촬영부터 시작했다. 세트가 완성된 것은 그로부터 한 달 후였다. 그동안 만족스럽지는 않았지만 조금씩 눈이 내려주어 생각보다 풍광이 좋았다. 그러나 눈이 쌓이지 않아 스티로폼을 깔고 그 위에 다시 눈을 뿌려 눈이 많이 온 것처럼 꾸며 몇 장면을 찍었다. 아쉬운 대로 쓸 수는 있겠지만 영 만족스럽지가 못했다. 눈도 시원찮고 해서 1차 촬영은 맛보기 수준으로 끝냈다. 3일 후 다시 2차 촬영에 들어갔다. 비교적 눈이 적어도 되는 시장市場 장면을 강원도 고성 민속마을에서 찍을 때였다. 그날은 아침부터 날씨가 잔뜩 흐렸지만 눈 올 기미는 보이질 않았다. 그런데도 자꾸만 대관령 오픈 세트장이 눈에 밟혔다. '그곳으로 가야 하지 않는가?' 끊임없이 내 안에 누군가가 속삭였다. 나는 조연출에게 지방 기상대에 오늘 눈이 올 것인지 여부를 알아보라고 했다. 기상대에서는 오늘은 눈이 없을 전망이고, 있더라도 미세한 양이라는 대답만 돌아왔다. 오전 11시를 조

금 넘긴 시각에 싸락눈 같은 눈이 부슬부슬 내렸다. 어쩐지 이 눈이 곧 폭설로 변할 것 같은 예감이 들었다. 나는 오픈세트장으로 철수할 것을 명했다. "아니 여기도 찍을 신이 많은데 어쩌자고 눈도 오지 않은 대관령으로 가려고 하느냐."며 카메라맨이 정식으로 항의를 했다. 내가 그랬다. "어쩐지 오늘 중으로 눈이 올 것 같다. 눈 오는 걸 보고 출발하면 늦다. 그래서 지금 출발하는 거다." 카메라맨이 웃었다. 감독이 이상하다고 수군거렸다. 그러거나 말거나 나는 차를 출발시켰다. 고성을 떠난 지 40분이나 되었을까. 모두들 점심을 먹기 위해 주문진 부근의 식당으로 들어서는데 눈발이 제법 굵어졌다. 스태프들이 하늘을 올려다봤다. 밥이 나오기도 전에 폭설로 변했다. "어, 진짜로 눈이 오네." 스태프들이 수군거렸다. 우리는 밥을 먹는 둥 마는 둥 서둘렀다. 그날 눈이 2001년 겨울, 30년 만에 내린 폭설이었다. 서울은 교통대란

을 겪었지만 우리에게는 하늘이 내린 축복이었다. 그날 대관령은 영하 30도를 기록했다. 스태프 누구도 춥다는 불평 한마디 없이 동이 틀 때까지 카메라를 돌렸다.

6 편집, 그리고 그 후

그렇게 고생고생하며 찍었건만 막상 편집을 하고 보니 중요한 고비마다 흐름이 끊어지고 산만했다. 그리고 포인트가 살지 못했다. 드라마가 늘어졌고 자연히 긴장감이 떨어졌다. 다시 스태프 회의를 소집했다. 일반적으로 연출자들은 고생하며 찍은 필름이 아까워 과감하게 잘라 내지를 못한다. 스태프가 오히려 냉정하다. 의견을 취합한 후 재촬영을 했다. 그리고 다시 편집을 했다. 앞뒤 순서를 바꾸고 군더더기들을 추려냈다. 템포를 중요시하고 이해가 안 되더라도 굳이 설명하지 않았다. 훨씬 좋아졌다.

TV문학관 〈홍어〉는 TV문학관 사상 최고의 시청률(13.6%)을 기록했다(1980년대 초창기에는 시청률 조사가 없었다. 88년 이후부터 본격적인 시청률 조사가 시작되었다). 그리고 이 프로는 내가 대PD되고 난 후의 첫 번째 연출작품이었다. 나의 많은 라이벌(대PD 자리를 노렸던)들이 "어디 얼마나 잘 만드는지 보자."고 주시했던 프로였다. 망신당하기 십상이었다. 변비가 생기고 깊은 잠을 잘 수가 없었다. 자나깨나 작품 생각뿐이었다. 그런 노심초사의 결과인지 혹은 내가 모르는 어떤 힘이 나를 도와 준 것인지는 알 수 없지만 나는 이 프로를 성공시킴으로써 계관연출자로서의 위치를 확고히 하게 되었다. 지금도 TV문학관 하면 〈홍어〉의 미학을 이야기하는 후배들이 많다. 〈홍어〉는 하늘이 도운 프로다.

2001년 3월 14일, 조선일보는 이렇게 평했다.

"눈 내리는 시골 풍경의 아름다움을 삶의 한 모습으로 형상화 시키려 노력했으며 복잡한 현대사회에서 놓치기 쉬운 인간의 고독과 그리움 등 내면세계를 볼 수 있었다."

그 외 10개 일간지에 일제히 호평이 실렸다.

| 제작기 |

<그곳에 바람이 있었네>
원제: 〈석양꽃〉, 원작: 강석경

1. 기획

  나는 불교와 연관된 드라마를 꽤 많이 했다. 나는 불교신자는 아니지만 불교가 종교라기보다는 철학에 더 가깝다는 생각을 해온 터이다. 그러나 본격적인 불교 드라마는 해본 일이 없었다. 퇴직하기 전에 스님이나 절을 배경을 한 작품을 한번 해보고 싶었다.
  2000년 가을, 나는 강석경 원작의 〈석양꽃〉을 드라마화 하기로 작정하고 각색작가 물색에 들어갔다. 원작을 읽어본 작가들은 하나같이 고개를 흔들었다. 좋은 작품이라는 생각은 들지만 드라마로는 불가능하다고 입을 모았다. 우선 드라마가 없다는 거였다. 기승전결도, 반전도 없다는 것이었다. 거기다 원작은 5매짜리 아주 짧은 단편이었다. 한 암자를 배경으로 구도에 목말라 하는 스님들과 사랑에 상처 입은 한 여인을 중심으로 전개되는 아주 단순한 스토리의 소품이다. 작가들은 오히려 나에게 충고를 했다. 그동안 내가 추구해온 작품세계는 존중하지만 이건 지나치게 추상적이라며 자기 도그마에 빠질 위험이 있다는 것이다. 4-5명의 작가한테 퇴짜를 맞았다. 그리고 한 작가는 승낙을 해놓고 자신이 없자 잠적해버렸다. 이미 촬영일자가 잡혀있던 시점이었다. 나는 오기가 났다.

'이 작품을 작가의 작품이 아닌 연출의 작품으로 만들어 보자.'
나는 연출 플랜을 중심으로 이야기를 짜 나갔다. 드라마의 전개는 두 갈래다. 가장 보편적인 방법은 '스토리 플레이'고, 다른 하나는 '캐릭터 플레이'다. 다시 말해 인물의 성격만 확실히 정해 놓으면 갈등이 발생하고 스토리가 이어진다. 스토리가 별로 없는 이 작품에서는 우선 인물의 캐릭터가 설득력이 있어야 한다. 불교 드라마의 전범은 김성동의 〈만다라〉다. 그 이후 불교 드라마는 그와 유사한 드라마들이 대종을 이루었다. 이 소설에 나오는 주인공도 그와 별 다를 바 없었다. 어딘지 모방의 냄새도 나고 사이비似而非 같은 이미지가 풍겼다. 가짜 같아 보였다. 그는 절 토방 근처에서 수행을 하면서 버너 위에 돌 판을 얹어 삼겹살을 구워 소주를 마신다. 위악적이다. 주인공의 캐릭터가 시청자의 공감을 얻지 못하면 실패는 자명하다. 로버트 맥기(Robert Mckee)는 드라마 속의 인간은 우리 모두가 공감할 수 있는 인간성의 창조가 관건이며 특히 주인공은 호감을 가질 수도 있고 아닐 수도 있지만 반드시 감정이입의 대상이 되어야 한다고 강조했다. 나는 주인공의 캐릭터를 정공법으로 수정했다.

  드라마의 재미와 감동은 멜로에서 나온다. 주인공 스님을 암에 걸린 시한부 인생으로 설정했다. 죽음을 앞두고 그는 속가의 어머니를 찾는다. 저녁을 같이 먹고 하룻밤을 같이 보낸다. 그리고 그는 새벽에 일어나 곤히 자는 어머니에게 마지막 작별의 큰절을 올리고 약간의 돈을 이불 밑에 넣어놓고 나온다. 그러고는 그는 강변에 엎드려 운다.

  "헐벗은 육신을 가려줄 한 벌의 누더기면 추위를 피할 수 있고, 주린 창자를 채워줄 한 공기의 공양이면 족한 걸……, 나는 무엇 얻고자 이렇게 무거운 짐을 짊어지고 있단 말인가?" 하며 장탄식을 한다. 담담하게 TV를 보던 사람들도 이 장면에서는 기어이 눈시울을 적시고 만다.

또 사랑이 없는 드라마는 건조하다. 원작에서는 여주인공이 절에 들어온 사연은 딱 두 줄이다. 그 이후는 행간으로 읽어야 한다. 소설은 가능할 수 있지만 드라마는 이야기를 구체화시켜야만 했다. 이렇듯 남자 주인공은 캐릭터의 변경, 여자 주인공은 스토리의 구체화를 통해 드라마를 보다 확실히 했다. 그리고 큰스님의 역할을 확대해 불교 드라마다운 품격品格을 유지토록 했다. 드라마는 '긴장과 완화'라는 사이클을 갖는다. 등장인물 모두가 엄숙하다면 드라마는 재미가 없다. 여기에 '택이네'라는 절에서 밥 짓는 보살 이야기를 양념처럼 집어넣어 곳곳에서 웃음을 유발시켰다. 이렇듯 누구는 캐릭터를, 누구는 스토리 보완을, 누구는 드라마의 품위를, 누구는 곳곳에 웃음을 유발시킨다는 연출의 밑그림을 그렸다.

2. 연출의 포인트 — 미학과 음악

이야기가 재미있으면 연출은 스토리만 따라가도 한 편의 드라마가 된다. 일반적으로 연속드라마 같은 케이스다. 말하자면 작가의 원고만 좋으면 연출은 그다지 고민하지 않아도 재미있는 드라마를 만들 수 있다는 말이다. 그러나 이야기가 부족하고 단순하면 연출의 중요성이 대두된다. 무엇으로 시청자에게 감동을 줄 것인가. 무엇으로 부족한 시간을 메울 것인가. 이런 것들을 연출의 능력으로 채워나가야 한다. 홍콩 느와르의 대부격인 호금전胡金銓감독은 자신의 작품에 줄거리는 없고 요란한 연출만 있다는 지적에 대해 이렇게 말했다. "이야기가 부족하면 연출이 다양해진다. 이야기가 많으면 그 이야기만을 쫓아갈 수밖에 없다. 그러면 연출이 약해진다."라고 지적했다. 이는 줄거리가 단순한 드라마는 '연출로 만들어 가야 한다.'는 사실을 말해주는 것이다.

드라마는 산사山寺가 배경이다. 나는 이 드라마의 연출 초점은 자연이라고 판단했다. 산山, 단풍, 낙엽, 새, 노을, 달, 비, 이런 자연 속에 인간의 고뇌와 슬픔, 그리고 외로움을 얼마만큼 용해시키느냐에 승패가 달렸다고 생각했다.

여주인공이 '사랑한 남자'의 아내가 절寺로 찾아와 남자의 죽음을 그녀에게 알리고 떠나는 장면이 있었다. 나는 그 장면에서 두 여자 모두에게 똑같은 농도의 슬픔을 주었다. '남자의 아내'는 억수로 퍼붓는 빗속으로 차를 몰고 가고, 여자는 부처님 앞에서 백팔 배를 한다. '아내 있는 남자를 사랑한 여자'보다도 '아내인 자신을 두고 다른 여자를 사랑한 남편'의 배신이 더 괴로울 수 있었으리라. 비 퍼붓는 산 속에서 차를 세우고 하염없이 우는 장면을 나는 설악산에서 실제로 비 오는 날 찍었다. 인간의 슬픔보다도 산중에 쏟아져 내리는 그 비바람이 더 처량해 그녀의 슬픔을 더욱 더 깊게 했다.

이 드라마에서 노을은 또 다른 슬픔의 배경이 된다. 속세에 두고 온 아들이 그리워 노을만 지면 산 아래로 향해 아들의 이름을 부르는 택이네의 슬픔. 이 장면을 찍기 위해 노을 지는 곳을 향해 버스를 타고 무작정 찾아 나섰다. 운이 좋아서인지 낮 동안에 비가 줄기차게 내리더니 저녁이 되자 노을이 지는데 그야말로 환상적이었다. 풀리지 않은 화두를 안고 불경을 외는데 산새 한 마리가 날아와 운다. 스님은 목탁을 멈추고 하염없이 명상에 잠긴다. 어찌 새 우는 소리가 염불보다 더 아름다울까. 고뇌의 깊이를 더했다. 나무에 새가 날아와 앉는 장면을 찍기 위해 나는 새를 세 마리나 죽였다. 피아노 줄로 새를 묶어놓고 찍었지만 날아와 앉는 새를 화면에 담을 수가 없었다. 몇 시간의 사투 끝에 나무에 앉았다가 날아가는 새를 찍어 필름을 거꾸로 돌렸다. 이 과정에서 나는 살생을 범한 것이다.

이런 미학과 함께 나는 이 드라마의 모든 조명을 빛과 어둠을 확연하게 구분 짓는 램브란트(Rembrandt)기법으로 처리했다. 일반적으로 드라마 조명은 현실보다 과장한다. 밖이 밝으면 안이 어두워야 하는데 안도 물체가 확연하게 구분될 만큼 선명하게 한다. 나는 그런 관행을 무시하고 사실조명을 했다. 상당한 미학적 효과를 거두었다.

그 다음으로 장소 헌팅에 많은 시간을 보냈다. 오랜 시간 끝에 경북 주왕산의 한 암자를 찾아냈다. 주 무대는 찾았지만 그것만으로는 부족했다. 두타산을 찾았다. 정상에서 폭포를 보고 내려오는데 오른쪽으로 조그마한 팻말에 '두타산성'이라고 적혀 있었다. 나는 그냥 지나치려는데 문득 어떤 예감 같은 것이 나를 이끌었다. 로프를 매어놓은 것으로 보아 상당히 가팔라 보였다. 나는 그곳을 한 시간 가량을 올라갔다. 세상에 그런 곳이 있다니! 안개가 모이고 흩어지면서 언뜻언뜻 나타나는 산세山勢에 내 머리 끝이 쭈뼛 곤두섰다. 아직 그런 비경을 본 일이 없었다. 드라마의 완성

단계에서 중요한 것은 음악이다. 드라마 스토리는 지적^{知的} 게임을 통해 때로는 시청자를 울리고 웃기는 이성적^{理性的} 탐구지만 음악은 시청자의 가슴에 아무런 조건 없이 파고드는 감정^{感情}의 파편과 같은 것이다.

또 음악은 스토리 전개에 맞춰 시청자의 반응을 조절하고 극적 구조를 강화하거나 보조하는 역할을 한다. 드라마 스토리에는 본질적으로 일종의 음악적 리듬이 존재하고 작곡가들은 이를 구체적으로 청각화^{聽覺化}하는 것이다. 시공간이 훨씬 자유로운 음악이 드라마보다 생명력이 훨씬 긴 경우도 많다. 그러나 대부분의 PD들은 이를 그리 중요하게 생각하지 않는다. 작곡자나 오퍼레이터에게 맡겨 버린다. 드라마 음악이 모두 비슷한 이유다. 그래서 나는 기성 작곡가들의 작곡을 되도록 기피해 왔고 주로 클래식 음악을 편곡해서 사용해 왔다. 이 드라마는 현대 드라마이긴 하지만 깊은 산사를 배경으로 해탈^{解脫}을 꿈꾸는 수도승과 세상살이에 좌절하고 산사에 들어온 한 여인의 고뇌를 담은 인간구원의 드라마이기에 더 더욱이나 그러했다. 그러나 현대음악도 맞지 않을 것 같고 국악도 어울리지 않을 것 같았다. 나는 한양^{韓洋} 합주^{合奏} 쪽으로 가닥을 잡았다. 우선 클래식 음악 쪽을 훑어보았다. 비제_(Bizet)의 〈귀에 남은 그대의 음성〉이라는 음악이 들어왔다. 한 지방 국악악단 단장에게 편곡을 부탁했다. 서양음악을 국악기로 연주하는 형식이 되었다. 국악기로 국악을 연주하는 것은 당연하지만 서양음악을 국악기로 연주하여 드라마 BG음악으로 쓴 경우는 처음이었다. 기대 반 우려 반이었다.

나는 이 드라마가 '작가의 작품'이 아니라 '연출의 작품'이라는 자부심을 느낀다.

이 프로 제작 이후 나는 大PD의 영예를 얻었고 '방송위원장상'도 탔다.

그 수상이유를 이렇게 명시했다.

"산사의 풍경을 담은 시적 영상, 절제된 대사, 전통악기를 이용한 음악과 인물들의 내면을 잘 드러낸 예술적인 조명 등등으로 인해 시청자의 감정이입을 유도한 시종 격조 높은 프로였다." (방송21, 2000, 12월호, 92~93쪽)

국내 10개 일간지에 호평이 실렸다.

| 제작기 |

열정의 시간들

원제: 〈10초F〉, 원작: 김수남

1980년 김동리의 〈을화〉로 시작한 'TV문학관'은 1990년대까지 전성기였다. 주말에 방송이 나간 다음 주 화요일자 신문에는 거의 모든 신문에 주평이 실릴 만큼 관심이 컸다.

나는 1981년에 이 팀에 합류했다. 당시 나는 연출로 데뷔한 지 1년밖에 되지 않은 신예였다. 두려웠다. 이 프로를 감당할 수 없을 것 같았다. 처음엔 고사를 했다. 그러나 이미 어느 정도 연출자의 옥석이 가려진 상황이라 과감하게 신인을 투입해 보자는 정책으로 전환되면서 그 첫 번째 주자로 내가 투입되었다. 실패하면 3류가 된다. 누가 그랬다. "실패를 두려워하지 마라. 실패하지 않는 자는 성공할 수 없다. 나는 너의 열정을 믿는다."며 내 등을 두들겨 주었다. 용기를 얻었다.

첫 작품이 이문열의 〈사라진 것들을 위하여〉와 뒤이은 최인호의 ≪돌의 초상≫ 등은 극찬으로 이어져 입성에 성공한 것이다. 당시 대부분의 작품들은 토속성이 강한 샤머니즘 계열의 작품들이었으나 나는 비교적 현대작가들의 작품을 골랐고 그중에서 문학적인 격조를 중시하는 방향으로 원작을 찾았다.

이청준의 ≪소문의 벽≫, 최일남의 ≪마馬≫ 등 작품을 거치는 동안 나는 비교적 빠르게 적응하며 중견 연출자로서 입지를 굳혀 갔다. 당시는 5주 만에 한 편씩 만들어내야 하는 강행군 속에서 작품 찾는 일은 여간 어려운 일이 아니었다. 나는 학창시절부터 문학잡지를 정기구독해 왔기 때문에 작품 선정에는 다른 연출자보다 어려움이 덜했다. 그러나 무언가 색다른 작품을 찾아야 한다는 강박관념이 있었다. 아주 오래된 잡지에서 스프린터(sprinter)를 주인공으로 한 5장짜리의 짧은 단편 하나를 찾아냈다.

나는 원작을 찾을 때 몇 가지 원칙을 견지하고 있다. 우선 '주제

가 추구할 만한 가치가 있는가?'이다. 나는 이문열의 〈금시조〉에서는 '서권기書卷氣, 문자향文字香'이라는 주제에, 1988년 창사 특집극 〈사로 잡힌 영혼〉에서는 장승업의 '자유정신'이 무엇인가를 찾아보고 싶었다고 밝혔다.

나는 비교적 여백을 중시하기 때문에 비교적 짧은 단편을 많이 선호하지만 이 원작은 짧아도 너무 짧았다. 소설은 주제를 함축적으로 짧게 구성할 수 있지만 드라마는 최소 90분의 러닝타임이 되어야 하기 때문에 많이 망설였지만 스포츠라는 주제는 놓치기 싫었다.

세 번째는 드라마로서 '재미있게 잘 짜인 이야기인가'이다. 다시 말해 인과성과 극적인 요소가 있는가이다. 소설은 햇볕이 너무 강렬해 살인을 할 수도 있고 아침에 일어나 보니까 벌레가 되었다는 등의 관념으로 일관할 수도 있지만 드라마는 결국은 '사실적 이야기' 테두리 안에 존재해야 하기 때문이다.

마지막으로 나는 드라마는 어디까지나 '영상'임을 결코 잊지 않는다. 한 편의 드라마에는 그것이 무엇이 되었든 간에 '가슴 서늘한 영상' 한두 컷은 있어야 한다는 지론을 가지고 있다. 나는 미학적 영상이 가능한가를 따진다.

소설 〈10초F〉는 한동안 10초F의 대기록을 세운 바 있는 주인공이 어느 날부터 슬럼프에 빠진다. 여름휴가를 나온 주인공은 같은 태릉선수촌 농구선수인 애인과 동해안으로 밀월여행을 떠난다. 그리고 거기서 어떤 희망을 얻고 다시 돌아온다는 다소 밋밋한 이야기다. 이야기는 짧았고 반전은 싱거웠으며 주인공의 캐릭터는 수긍할 수 없는 부분들이 많았다. 행동의 동기도 작위성이 두드러져 보였다. 그러함에도 불구하고 내가 그 소설을 택한 이유는 '소재의 희귀성과 더불어 절망극복의 주제' 때문이었다. 그때까지 그 누구도 스포츠를 주제로 한 드라마를 만들지 않았다. 그런데 그해 아카데미상 작품상은 마라토너의 이야기인 〈불의 전차〉(Chariots of Fire) (Hugh Hudson 감독)라는 영국작품이었다. 누구는 스포츠를 주제로 아카데미상을 받는데 우리가 못할 이유가 없지 않는가 하고 작가를 꼬였다.

원작을 읽고 고민을 하던 작가에게서 한번 해보자는 연락이 왔다. 그러나 그리 쉽지만은 않았다. 원고지를 앞에 놓고 막상 쓰려니 무엇을 어떻게 풀어가야 할지 모르겠다며 자기 능력으로는 못 쓰겠다는 통보를 해왔다. 그때는 이미 제작 마지노선을 넘었고 잘못하면 방송펑크가 날 상항으로 몰렸다. 나는 그의 집으로 찾아가 숙식을 같이하며 며칠을 설득하였다. 서로의 감정이 냉정을 되찾으면서 둘은 원작 분석부터 했다. 그리고는 여러 가지 가능성을 놓고 퍼즐게임도 해보았다. 드라마의 감동은 '엔딩의 반전'이라는 데 의견을 모으고 우선 주인공이 무엇으로 하여 절망을 극복하고 새 출발을 할 수 있었는지 여러 가지 방법을 놓고 도상실험을 했다. 난상토론 끝에 주인공보다 더한 절망을 가진 어떤 인물로부터 또 다른 구원을 찾아보자는 결론을 내리고 새로운 인물을 설정했다. 이는 대단히 주효했다.

골수염에 걸려 다리를 잘라야만 하는 한 발레리나가 이 드라마의 모든 것을 해결해 주었다. 주인공의 절망은 노력으로 해결될 수 있는 것이지만 다리를 잘라야 하는 발레리나는 절망 그 자체다. 원작에서 그의 애인이었던 농구선수는 그를 배신하고 떠남으로써 그의 슬럼프에 일조를 하고 주인공은 혼자 동해안으로 여행을 가다 자살하기 위해 떠돌던 발레리나를 만나고, 그 발레리나로부터 구원을 얻는다는 스토리가 완성되었다.

이야기는 풍부해졌고 로드무비 형식으로 다양한 그림을 담아낼 수 있었다. 원작에서 부족한 스포츠 철학은 코치의 입을 빌려 주제에 접근했다.

"단거리 경주에서는 인간과의 싸움이 아니다. 시간과의 싸움이다. 시합에 이긴다는 것은 의미가 없어 시간을 이겨야 해."

이 코치도 완벽한 스포츠맨이 아니라 교통사고를 당해 한쪽 다리를 저는 사람으로 설정해 캐릭터에 악센트를 주었다.

반전은 이렇다.

장숙: 내가 그 이야기 했던가요?
용준: ·······.
장숙: 죽지 않고 서울로 돌아간다면 난, ······ 난, ······ 다리를 잘라야 돼요.

용준, 놀라서 쳐다본다.
장숙, 터져 나오는 울음을 손으로 막으며 흐느낀다.

엔딩은 이렇게 끝난다.
서울로 돌아온 그들은 갈림길에 섰다.
용준: 어디로 갈 겁니까? 집으로?

장숙: 병원으로 가야죠.

용준: 수술하는 날 병원으로 가겠습니다.

장숙: 용준 씨는?

용준: 물론 선수촌이죠.

장숙: 용준 씨 경기 있는 날, 응원갈게요. …… 휠,…… 휠체어 타고서

용준: (눈물 맺힌다.)

병, 병원까지 바래다 드릴게요.

장숙: 아니요. 혼자 가겠어요. 어쩌면 오늘이, ……오늘이, 마지막으로 걷는 건지도 모르잖아요?

바람이 불어 낙엽이 떨어진다. 그 속을 그녀는 처연히 걸어간다.

스포츠 드라마로서 보기 드물게 격조가 있었다. 한 신문은 이렇게 평했다.

"인간의 갈등과 좌절, 그리고 극복의 과정을 섬세하게 엮어간 작품이었다. 스포츠라는 매체를 이용, 신선한 느낌을 준 이 작품은 연출의 힘이 아름답고 잔잔한 터치로 몰고 갔다. 특히 영상이 돋보였다."(동아일보, 1982년 11월 16일자)

열정만으로 모든 것을 구할 수는 없지만 열정 없이는 그 어떤 것도 얻을 수 없다는 것을 깨달았다. 그러나 당시 장비 부족으로 스포츠 드라마로서 역동성을 살리지 못한 점은 내내 아쉬웠다.

| 제작기 |

그대 고향을 돌아보라
원제: 〈길은 그리움을 부른다〉, 원작: 이균영

나는 오랫동안 TV문학관을 제작해왔고 소설의 드라마화에 남다른 애정을 가져왔다. 나는 남들이 어려워 머뭇거린 소재에 과감하게 도전했다. 〈금시조〉의 경우는 그렇게 '어려운 소설'의 드라마화가 대중에게 먹힐까를 사람들이 걱정했지만 우려와는 달리 120여 개국 해외공관에 한국의 홍보드라마로 배포되었고 그해 방영된 드라마로서 최고의 찬사를 받았다. 1988년도 창사특집 드라마 〈사로잡힌 영혼〉은 역시 그의 '자유정신'의 본질이 무엇인지를 찾아보고 싶었다.

내가 드라마 국장을 그만두고 다시 드라마 연출로 나설 때였다. 일반적으로 간부를 하다 현업으로 돌아서기가 그리 간단치가 않다. 그것은 간부를 하면서 부하직원들에게 작품 못 만든다고 비난도 하고 심지어는 다른 부서로 쫓아 보내기도 했기 때문에 온 직원들이 너는 얼마나 잘 만드는지 보자면서 지켜보는 소이다. 그러나 나는 망설임 없이 현업으로 복귀했다. 그때 고른 작품이 이균영의 원작의 ≪길은 그리움을 부른다≫이다.

이 작품은 열차 기관사의 이야기다. 청량리에서 문막까지 열차를 끌고 가는 동안 벌어지는 인간 파노라마다. 사람들은 걱정스러운 눈빛으로 나를 쳐다봤다. 열차를 어떻게 동원할 것이며 촬영을 어떻게 할 것인지 조금만 제작을 해 본 사람들은 그 어려움을 알기 때문이다. 우리 제작 여건상 그런 스케일 큰 프로젝트는 거의 불가능하다고 해도 과언이 아니다. 철도청에서 수송에 지장을 줄 수 있다는 이유로 곤란하다는 연락이 왔다. 직접 청장을 찾아갔다. 나는 드라마든 영화든 철도를 배경으로 한 작품은 없었다면서 이 기회에 철도기관사의 이미지를 제고할 수 있는 기회라며 설득을 했다. 기어이 승낙을 받아냈다.

그 다음으로는 달리는 기차를 찍기 위해서는 반드시 전경全景이 필요하고 그러기 위해서는 헬리콥터가 필요했다. 그것도 방송국 헬기라야 한다. 그래야 직부감直俯瞰이 나온다. 방송국 헬기는 뉴스 외에는 거의 동원되지 않는다. 나는 안드레이 곤잘로프스키(Andrei Konchalovsky) 감독의 〈폭주기관차(Runaway)〉라는 비디오를 들고 헬기 기장을 찾아갔다. 이 영화는 탈주범들이 기차를 타고 도망가고 형무소장이 헬기를 타고 뒤쫓는 스릴 넘치는 영화다. 나는 기장의 아픈 곳을 건드렸다. 방송국 헬기는 카메라가 고정으로 부착되어있어 좋은 영상을 잡는 것은 기장의 소관이다. 말하자면 나는 그가 조종사가 아니라 아티스트라는 점을 강조했다.

며칠 후 연락이 왔다. 무슨 의도로 자기에게 그런 비디오를 보여주었느냐고 물었다. 나는 자초지종을 말하고 협조를 부탁했다. 생각해 보자고 했다. 나는 이미 승낙이 된 걸로 생각하고 철도청과 다시 일정을 조정했다. 반드시 정한 날짜와 정한 시간에 찍어야 했다. 노선 열차의 시간 조정이 있어야 하기 때문이다.

앞에서 강조해다시피 나는 소설의 드라마화의 중요 관점은 주제 해석이라고 했다. 원작의 주제를 잘못 해석해 전쟁드라마를 반공드라마로 만든다든지 하는 우를 범해서는 안 된다. 나는 이 소설의 주제를 '고향'으로 파악했다. 고향은 대부분의 사람들에게 심정적으로 강한 소구력을 가진 소재다. 사람들은 지치고 힘들 때면 고향을 찾고 거기서 위안을 받는다. 주인공은 말한다. '철로는 늘 앞으로 나가지만 항상 제자리로 돌아온다.' 그는 늘 그렇게

고향으로 돌아오는 기관사로 만족하고 살고 싶지만 그의 고향 친구이며 애인인 옥순은 자신의 야망을 위해 끊임없이 떠나길 원한다. 그녀는 그런다. "석우야, 너는 나의 고향이야. 내가 어려울 때 너는 한번도 나를 배신하지 않았어. 너는 나에게 고향 같은 존재야." 그러면서 그녀는 출세를 위해 그들 사이에 난 아이까지 그에게 떠넘기고 미국으로 떠난다. 두 번째 여자는 술집 여자다. 그녀는 술집 여자라는 열등감으로 그에게 한없는 헌신적인 사랑을 보낸다. 그는 그녀가 '거리의 여자'였다는 이유로 그녀가 그렇게 같이 가보고 싶어 하던 그녀의 고향과 부모형제들을 결코 찾지 않는다. 결국 그녀가 병들어 죽자 그는 비로소 그녀에게서 고향을 본다. 그는 지금도 서울에서 고향까지 화물열차를 몰면서 두 번째 여자가 묻혀있는 등성이를 지날 때면 길게 기적을 울려 그녀에게 용서를 빈다.

옥순은 주인공에게, 주인공은 두 번째 여자인, 거리의 여자에게서 고향을 본다.

원작의 겉모양은 한 남자의 사랑 편력이다. 드라마는 두 종류의 사랑을 그려낸다. 남자는 고향에서 같이 자란 여자를 일방적으로 사랑하지만 결국은 배신당하고, 두 번째 여자인 '거리의 여자'는 남자를 눈물겹도록 헌신적으로 사랑하지만 영혼의 상처로 인한 그녀의 애틋한 사랑은 결국 죽음으로 끝난다. 서로 엇갈린 사랑은 드라마를 한층 깊이 있고 흥미 있게 끌고 간다. 문학관의 일반적인 작품 경향에는 이런 식의 약간 진부하다고까지 느껴지는 사랑 이야기는 거의 없었다. 그러나 이 작품은 고향이라는 주제를 사랑이라는 실로 꿰뚫어 결코 진부하지 않은 품격을 유지했다.

나는 TV드라마는 읽는 이야기가 아니라 '보여주는 이야기'라는 사실을 결코 잊지 않는다. 한 편의 드라마에는 그것이 무엇이 되었든 간에 '가슴 서늘한 영상' 한두 컷은 있어야 한다는 지론을 가지고 있다. 영화 〈바람과 함께 사라지다〉에서의 마지막 장면에서 "내일은 내일의 태양이 다시 뜬다."는 대사보다 더 강렬한 것은 넘어가는 석양을 배경으로 선 주인공의 실루엣 장면처럼 말이다.

나는 남녀 주인공이 미래의 꿈을 이야기하면서 걸어오는 아주 평범한 데이트 장면을 찍다가 갑자기 중단했다. 이런 평범한 장면일수록 멋진 영상으로 감동을 이끌어내야 한다.

그러나 내가 의도하는 영상은 그렇게 쉽게 찍을 수 있는 장면은 아니었다. 우선 앞뒤 막힘이 없는 지평선이 보이는 곳이어야 한다. 그래야 줌(zoom) 렌즈로 당겼을 때 태양이 앵글 안으로 가득 들어온다. 적어도 거리가 300m 정도는 되어야 한다. 우리나라에서 산이 안 보이고 거리가 300m 이상 되는 편편한 곳은 많지 않다. 수소문 끝에 사북탄광의 석탄을 쌓아두는 곳이 그럴 수 있다는 추천을 받았고 나는 스태프들을 끌고 석탄 더미의 험악한 길을 30분 이상 석탄 운반차량을 빌려 타고 올라가 찍었다.

청량리 철도 차고지에서는 30m 크레인에 올라가 촬영을 했다. 기차 가는 장면을 찍기 위해 미리 좋은 장소를 헌팅해 약 10여 대의 카메라를 가는 길목 곳곳에 배치해 찍었다.

헬기는 종전 그 어떤 드라마에서도 볼 수 없었던 장면들을 만들어 냈다.

한 간부는 이렇게 말했다.

"우리 드라마 제작 역량으로는 표현할 수 없는 영상들을 만들어 낸 드라마였다."고.

멜로드라마 같은데 꼭 그렇지만도 않은 것은 작품의 저변에 깔린 고향, 어머니의 자궁 같은 고향이 저변에 깔려 있었기 때문이 아니었겠나, 짐작된다.

'고향'이라는 주제 해석은 성공했다. 나는 시청자들에게 말하고 싶었다.

"그대, 외로울 때면 고향을 돌아보라. 그것에 희망이 있을 거라고." 많은 시청자들을 울린 프로였다.

한 신문은 이렇게 평했다.

"마디마디 탄탄하게 맺고 끊으면서도 전체적으로 물 흐르듯 자연스럽게 이끌어가는 연출 솜씨엔 세월의 힘이 묻어 있다. 노장의 관록은 비단 장인적 기술에만 있는 것이 아니다. 삶에 대한 깊은 응시가 드라마를 관통한다. 묵은 추억의 사진을 들추듯 아쉬움과 그리움이 피어나지만, 인생을 돌아보는 깨달음과 지혜가 담겨 있는 드라마다." (한국일보, 2000. 3. 3일자) 그 외, 조선, 중앙, 한국일보 등에서도 평이 실렸다.

대한항공 미주노선에서 6개월간 기내에서 방송되었다.

| 제작기 |

나의 마지막 노래

원제: 〈새남소리〉, 원작: 유익서

1. 기획

나는 예인藝人들을 많이 다루었다.

화가(장승업, 최북, 나혜석, 이문열 원작의 〈금시조〉, 이무영 원작의 〈목석부인〉), 도예인(최창학 원작의 〈도예가의 마을〉), 사진작가(최인호 원작의 〈돌의 초상〉), 시인(호영송 원작의 〈어느 시인의 죽음〉) 등을 극화했다. 사실 이런 작업은 굉장히 어렵고 고단한 작업이었다. 일반 드라마처럼 단순한 이야기의 재미만으로는 승부를 걸 수 있는 분야는 아니었다. 나름대로 그 분야에 지식도 있어야 하고 열정도 있어야 했다.

그들이 목숨을 걸고 일생을 바칠 만한 그 가치의 본질은 과연 무엇이었을까? 나는 늘 그게 궁금했다. 많은 예인들을 드라마화

하면서 나는 그들의 치열한 삶과 끝없는 열정, 그리고 숭고한 정신을 조금씩은 알 것 같았다. 그러나 예인이긴 하지만 소리꾼은 좀 다르다. 현대에 와서는 직업의 귀천이 없어지면서 고급한 예술의 차원으로 대접받아 '명인'이니 '인간문화재'니 하면서 대접받긴 하지만 근대까지만 해도 그들 소리꾼들은 기생이나 백정들처럼 천민賤民 중의 하나였다. 아니 오히려 '광대'라고 더 멸시받던 직업 중에 하나였다. 소리가 그들에게 어떤 정신적인 위안과 만족을 주었는지는 알 수 없지만 높은 지위를 주는 것도 아니고 남들이 부러워하는 부를 축적하는 것도 아니었다.

그렇다면 그 가치는 과연 무엇이었을까? 무엇이 그들을 하여금 바람처럼 떠돌게 하였던가? 그들은 조선시대에 잔치판에서 양반들의 기호에 맞추어 노래나 부르는 슬픈 피에로에 지나지 않았

나의 마지막 노래

다. 그들은 양반사회에 기생하면서도 양반들과는 결코 함께할 수 없는 아웃사이더였다. 그러함에도 스스로 양반의 신분을 파기하고 광대의 길로 들어선 장인이 있었다. 권삼득權三得이었다. 안동 권씨 충정공파의 한 사람이었던 그는 소리에 반해 소리를 배우다 문중에서 족보 할명당하고 백 리 밖으로 추방당한 인물이었다.

  나는 수년 전부터 이 인물을 드라마화 하려고 백방으로 자료를 수집하고 극본을 쓸 작가를 찾았다. 자료도 너무 없었고 자신 있게 덤벼드는 작가도 없었다. 그러나 나는 기어이 그 인물을 드라마하고 싶었다. 그러던 중 나에게도 정년이 찾아왔다. 마지막 작품이라고 생각했던 드라마가 국제상(제10회 상하이TV페스티벌 최우수작품상)을 받음으로써 보너스로, 한 작품을 더 연출하게 되었다. 나는 망설임 없이 창인의 이야기를 하기로 마음먹었다. 나는 방송작가의 상상으로서는 한계가 있다고 보고 소설 쪽을 짚어나갔다. 유익서의 ≪새남소리≫라는 소설이 생각났다. 물론 이 소설이 권삼득 창인의 이야기는 아니었다. 그러나 그 소설에는 많은 여백이 있었다. 좋은 방송작가를 만나면 원작을 어느 정도 살리면서 내가 의도했던 대로 권삼득의 이야기를 어느 정도 녹일 수 있을 것 같았다. 그리고 4계절을 담기로 작정을 했다. 내 생애에 마지막 작품이 될 것 같았기 때문이다.

2. 각색

  원작 소설은 일제 강점기를 배경으로 축음기 등 신문명을 들어오면서 우리 판소리가 설 자리가 없어지는 시대를 주 무대로 여러 사람들의, 여러 에피소드들을 다양하게 담은 파노라마식 전개를 하고 있었다. 따라서 이야기가 한 줄기로 나아가지 못하고 산만하게 여러 갈래로 흩어져 있었다. 나의 드라마 패턴은 대체로 옴니버스 식의 이런 다양한 스타일보다는 한 사람의 이야기를 엔딩까지 끌고 가는, 주인공 한 사람이 드라마 전체를 관통하는 그런 방식의 드라마를 많이 선호, 제작해왔다. 따라서 주인공은 자연 파란만장한 인생을 살 수밖에 없는 구조가 되고 이 드라마 역시 그런 패턴에서 벗어나질 못했다.

조선조 최고의 비극적인 창인 권삼득의 인생을 기둥 줄거리로 삼고 여기에 가왕 송흥록의 극적인 에피소드 등 많은 창인들의 설움받고 박대받던 여러 사례들을 덧붙였다. 가왕 송흥록은 송만갑의 증조부였다. 그는 사랑하는 여인을 얻기 위해 목숨을 걸고 양반과 소리내기를 하여 한 번은 울리고 한 번은 웃긴 끝에 사랑을 쟁취한 일은 실제로 있었던 일이고, 서커스 등 여러 신문명이 들어오면서 판소리가 점점 사양길로 들어서자 많은 창인들은 약장수로 연명했던 일, 또한 비일비재했다.

잔치판에서 소리를 하다 기생과 눈이 맞아 야반도주하는 일도 흔했다.

그러나 여기저기 바람처럼 떠돌며 사는 그들이 무슨 모아놓은 재물이 있어 여자를 편히 모실 것이며, 어디 비빌 언덕이 있어 일가를 이룰까. 비천한 광대가 어디 가서 행세를 하며 자식 낳고 살겠는가. 삶 자체가 눈물이었다. 나는 그들 광대들의 한과 슬픔을 그려내고 싶었다.

　상당 기간 여러 에피소드들을 취재했고 이를 극적으로 배치해 보았다. 제법 기승전결의 모양새를 갖추어 갔다. 원작자에게 양해를 구했다. 원작은 아주 조금밖에, 몇 줄의 문장밖에 반영이 안 된다고, 나머지는 모두 각색자의 창작이라고. 원작자의 입장에서 보면 아주 낯선 작품이 될 수 있는데도 불구하고 승낙을 했다. 사실 이 작품은 구태여 원작에 기대지 않아도 드라마가 될 수 있었다. 그런데도 원작의 이름을 빌릴 수밖에 없었던 것은 소설을 각색하여 방송하는 'TV문학관'이라는 타이틀 때문이기도 했다. 드라마의 모양새는 갖추었지만 작품의 감동은 역시 각색자의 문장이다. 3개월 정도의 집필기간 동안 수도 없이 수정에 수정을 거듭해 완고가 나왔다.

3. 캐스팅

　우리나라에는 외국처럼 바바라 스트라이샌드(Barbara Joan Streisand)나 프랭크 시나트라(Frank Sinatra) 같은 연기자들이 없다. 그래서 음악영화나 음악드라마들이 전무하다. 피아노를 칠 수 있는 연기자도 1~2명 정도고, 그 수준도 아마추어를 벗어나지 못하는 형편이었다. 최근에는 뮤지컬, 오페라 등의 공연이 활성화되면서 노래하는 연기자들이 꽤 많이 있다고는 하지만 노래를 주로 하는 뮤지컬과 연기를 우선으로 하는 영화나 TV드라마와 상호교류가 가능한 배우는 거의 없다. 그래서 외국에서는 〈사운드 오브 뮤직〉이나 〈맘마미아〉, 〈아마데우스〉, 〈더 콘서트〉 같은 영화의 제작이 가능하지만 우리는 불가능하다. 캐스팅이 최대의 난제였다. 연기도 하고 판소리도 하는 연기자로는 마당놀이 스타 '김종엽'이 있고, 그래도 흉내라도 낼 수 있는 연기자로는 '윤문식'이나 '안병경'이 있다. 그러나 그들은 20대 주인공을 하기에는 너무 나이가 많았다. 신인을 찾아 나섰다.

우선은 판소리를 할 수 있는 사람을 찾아야 했다.

국립국악원의 추천을 받았다. 5~6명 정도 테스트했다. 판소리는 그런대로 되는데 예상대로 연기력이 부족했다. 국악계의 원로 한 분이 그런 드라마에는 국악인을 써야 한다고 주장한다는 소리가 나에게 들렸다. 나는 판소리를 이유로 어설픈 드라마를 만들고 싶은 생각은 없었다. 그리고 우리들의 문화수준은 이미 상당 수준에 와 있었다. 할리우드의 블록버스터에 익숙한 우리나라 관객들이 어설픈 한국영화의 몹(mob)신을 보고 실망하듯, 소리도 최고 정상급 소리만을 TV를 통해 들어온 시청자들 중에는 귀명창이 상당히 많다. 그래서 소리도 어느 수준은 유지해야 한다. 그런 연기자가 없었다. 적당한 연기자가 없으면 나는 이 드라마를 접을 각오를 했다. 그러던 어느 날 연극 연출을 하는 후배 하나가 나에게 한 사람을 추천했다. 오디션을 봤다. 연극을 해서인지 연기력도 그런대로 괜찮고 판소리도 수준급은 아니지만 아마추어의 경지는 넘어선 듯했다. 몇 가지 숙제를 주었다. 대본을 주면서 드라마의 고비 고비마다 등장하는 판소리를 나름대로 설정해 다시 오디션을 보자고 했다. 며칠 후 그가 드라마에서 부를 판소리를 골라 왔다. 전 스태프들이 모여 그의 소리를 들었다. 모두들 최고는 아니지만 최선은 될 것 같다는 의견이었다. 나는 그를 캐스팅했다. 촬영까지는 시간이 있으니까 드라마에 들어갈 소리를 프로의 경지로 다듬어 줄 것을 당부했다.

 이 드라마의 중요한 인물로 세 사람이 있다. 주인공, 그리고 그의 애인, 그와 시종 애증관계의 스승이었다. 여자 주인공은 기생의 몸으로 그를 사랑하다 그가 판소리에 대한 애정을 놓지 못하자 그를 위해 그의 곁을 떠나가는 순애보적인 여인이었다. 현대극과는 달리 고전적인 얼굴이어야 하고 한복이 잘 어울려야 했다. 그런데다가 단막극에 사극이라 모두들 기피하는 기색이 역력했다. 공개적으로 추천을 받았다. 몇몇 PD들이 추천을 해오고 자천타천으로 찾아오는 배우들도 있었다. 나는 우선 한복이 가장 잘 어울리고 연기력도 어지간한 배우 하나를 택해 대본을 주었다. 대본을 본 그녀는 며칠 후 연락이 왔다. 정말 해보고 싶은 역할이라며 흔쾌히 승낙을 했다. 그 외 스승이나 문중 어른들은 거물급 배우들을 캐스팅했다.

 출연배우들이 모여 첫 연습하는 날, 배우들이 모두 울었다. 나는 연습을 건성으로 하는 걸 싫어한다. 마치 실제로 촬영현장에 서처럼 하기를 주문한다. 그러나 연습 때 우는 일은 지극히 드물지만 그날은 그랬다. 성공할 것 같았다.

4. 촬영과 그 후……

광대들은 떠돈다. 드라마도 이리저리 떠돌며 촬영해야 했다. 그리고 이 프로는 나의 마지막 작품이다. 카메라맨도 나와 동년배다. 그도 일생의 마지막 작품이다. 둘은 우리가 할 수 있는 최고의 영상을 만들어 내자고 다짐을 했다. 사계절 촬영은 당연했다. 주인공이 소리 수업을 하기 위해 올라간 산은 청송 주왕산 꼭대기로 한 사람이 아슬아슬하게 발을 겨우 디딜 수 있는 공간이었다. 여기에 나무를 얹어 공간을 넓히고 무거운 크레인을 설치해 깊은 산속의 분위기를 만들어 냈다. 집채 같은 파도가 몰려오는 바닷가에서 위험을 무릅쓰고 촬영하기도 했다. 한 컷을 찍기 위해 주왕산에서 전라도 부안까지 수십 차례를 왕래했다. 어느 날 저녁, KBS 세트장이 있는 전북 부안에 눈이 온다는 연락이 왔다. 우리는 밤새 달려 새벽에 도착하여 눈 신을 찍었다. 남녀주인공들이 정분이 나 야반도주하는 신을 찍으려 선착장을 짓기도 했고 그 20여 초의 한 컷을 찍기 위해 1박2일을 허비하기도 했다. 벚꽃 나부끼는 장면 한 컷을 찍기 위해 광양의 매실마을을 다녀오기도 했다. 허물어진 고가古家를 찍으려고 전국을 샅샅이 뒤졌다. 나는 30여 년 드라마를 찍었지만 이 드라마만큼 장소 이동이 많고 다양한 장소에서 찍은 드라마는 거의 없었다. 주인공도 연기와 소리 어느 한쪽이라도 마음에 들지 않으면 다시 찍자고 요구했다.

카메라 감독도 자기 마음에 들지 않으면 수차례씩 다시 찍기를 거듭했으며 조명감독 역시 카메라 감독과 싸우면서까지 아름다운 그림을 담아내기 위해 소신을 굳히지 않았다. 모두들 자신의 마지막 작품이 될 거라는 예감이 우리를 그렇게 열정적으로 만들었는지는 알 수 없지만 이 작품이 끝난 얼마 후 조명감독은 갑자기 쓰러져 세상을 떴다. 촬영감독도 나도, 그 이후 작품을 하지 못했다. 드라마의 제목은 〈노래여! 마지막 노래여!〉이었듯이 결국 우리들의 마지막 노래가 되고 말았다.

라스트 신에서 나는 특별한 의미를 만들어냈다. 주인공의 늦게 낳은 딸이 가출하여 불량소녀가 되어 나이트클럽에서 빠르고 강렬한 비트 음 벤처스 악단의 〈상하이 트위스트〉에 맞춰 발작적으로 춤을 추고, 주인공은 "…… 세상사 쓸쓸하더라. 나도 어제는 청춘이련만 오늘 백발 한심하구나." 하면서 느리고 애절한 판소리 〈사철가〉를 부른다. 이 장면을 점점 짧게 컷백(cut back)으로 교차 편집해, 고전과 현대, 우리 것과 외래 것을 대비시켜 이 드라마의 주제를 부각시켰다. 좋다는 사람도 있고 지나치게 기교적이라는 시각도 있었다. 그러나 나는 이 장면을 이 드라마의 클라이맥스라고 본다.

이제 이런 판소리 이야기나 도예가, 혹은 서예가 등등의 예인이나 장인들의 이야기를 할 수 있는 세대는 우리가 마지막 세대가 아닌가 생각된다. 한 후배가 나에게 약간 비웃듯이 이런 말을 했다.

"장 선배, 아직까지도 그런 이야기를 합니까?"

광대는 서고, 고수는 앉는다. 광대는 창을 하고, 고수는 북을

두들긴다. 광대는 〈춘향가〉, 〈심청가〉, 〈흥부가〉 같은 긴 이야기를 한다. 그렇게 광대는 창을 하면서 신나는 몸짓을 한다. 광대는 그러면서 마치 자신의 인생 같은 한을 토해낸다.

　이런 것들이 한국인의 정서다. 대중문화는 통속적일 수밖에 없다. 그러나 우리는 그 통속의 질을 높이려는 노력을 해야 한다. 국민소득이 높은 만큼 문화의 질도 높아야 비로소 나라다운 나라, 국격國格이 높은 나라가 되는 것이 아닐까. 우리 것을 낡은 것, 시대에 뒤떨어진 것으로 치부하는 한, 우리 문화가 세계문화가 될 수는 없다. 아직까지도 그런 드라마를 만드느냐고 비웃듯 묻는 후배의 물음이 지금도 귀에 쟁쟁하다.

| 문학과 영상의 발전을 위한 제안 |

나비야 청산 가자, 범나비야 너도 가자

1. 서론

　흔히들 문학의 위기라고 한다. 과연 그런가? 많은 문학인들이 여기에 동의한다. 그리고 위기라고 말할 수 있는 여러 요인들이 존재하는 것도 사실이다. 그 원인은 어디에 있는가. 한 소설가는 이렇게 말한다. "문학답지 않은 문학이 위기일 따름이다. 이 세계화 시대에 살아남을 수 있는 길은 오로지 좋은 작품을 쓰는 것이다."라 했다. 당연한 말이다.
　과거에는 문학한다는 그 자체만으로도 대접받던 시대가 분명 있었다. 시인이나 소설가는 지식인의 상징이었고 존경의 대상이었으며 그 질의 좋고 나쁨을 떠나 문학한다는 그 자체만으로도 지성인으로 대접받았다. 그러나 영상문화 발달과 거기에 따른 환경 변화는 우리 문화 풍토를 바꾸어 놓았다. 디지털 기술의 비약적인 발전은 국경을 없애는 데 일조를 했고 세계 어느 곳에서 일어나는 사건도 실시간으로 볼 수 있을 만큼 세계는 글로벌화되었다. 그래서 그 어느 분야도 자신들만의 아이덴티티를 내세우며 고집스럽게 영위해 갈 수 있는 시대는 이미 아니다. 문학 역시 마찬가지다. 우리 시대의 가장 큰 변화는 활자매체에서 영상매체로, 그리고 문학매체에서 전자매체로의 전환이다. 몇 년 전까지만 해도 영상매체는 마이너리티, 통속문화의 대명사였다. 그러나 지금은 기존 문화의 정체성에 중대한 위험을 가하는 주체적 문화로 부각되고 있다. 일찍이 '구텐베르크의 종말(Good-bye to Gutenberg)'1)을 예언한 마셜 맥루한(Marshall Mcluhan)의 말이 현실화되어가고 있다. 그 결과 우리는 역사상 가장 극심한 단절의 시대를 살고 있다. 영상은 날로 발전을 거듭하고 있으며 3D를 거쳐 냄새까지 맡을 수 있는 4D까지 눈앞에 와 있다. TV콘텐츠 또한 '막장 드라마'의 오명으로 지탄받고 있긴 하지만 그 도가 지나칠 정도로 재미있다는 건 사실이다. 이것은 사람들의 시선을 끌 수 있는 건 단순한 수사(修辭)나 미학이 아니라 '스토리텔링(storytelling)'이라는 사실을 너무나 명확히 보여주는 사례이기도 하다. 그러나 문학은 점점 그들만의 문학으로 변질되어 가고 있다는 사실을 우리는 직시할 필요

---

1) 마셜 맥루한은 1964년 쓴 ≪미디어의 이해≫라는 책에서 활자시대의 종말과 전자시대의 도래를 선언했다. 그는 논리적이고 연속적인 활자매체의 '핫 문화(hot culture)'시대는 가고 순간적이고 비연속적인 전자 매체의 '쿨 미디어(cool media)'시대가 왔다고 보았다.

가 있다. 과거의 문학, 즉 1960년대 전후의 문학은 주로 샤머니즘을 근간으로 한 '이야기 중심의 문학'이었다. 그 후에 등장한 실존주의도 한때 샤르트르(Jean Paul Sartre)나 카뮈(Albert Camus)에 경도된 작품들이 없었던 것은 아니었지만 문학의 지평을 크게 바꾸지는 못했다. 그 후 모더니즘을 거쳐 1980년대로 접어들면서 모든 문화가 좌파적이었다. 마르크스 경제학은 기본이고 미학을 해도 루카치(Lukacs)나 하우저(Hauser) 정도는 해야 지식인 소리를 들었고, 신학도 해방신학을 해야 똑똑하다는 소리를 들었다. 그러다 포스트모더니즘이 등장했다. 이 사조는 요원의 불길처럼 번지면서 모르는 놈은 바보 취급을 당했다. 문학에도 적지 않은 영향력을 끼치면서 세련된 의상, 정확한 외국어 구사, 의상, 음악, 페미니즘 등을 소재로 한 소설들이 각광을 받기 시작했다. 그러면서 재미있는 문학과 그렇지 않은 문학의 경계가 희미해지면서 누구나 다 작가로 자처하는 시대가 도래했고, 동시에 경쟁이 없는 끼리끼리의 문학을 만들어 냈다. 일 년에 50명 가까이 작가를 배출하는 월간지도 있고 함량 미달의 작가를 그들의 사업수단으로 등단시키기도 한다. 그러다 보니 잡지는 동인지 수준으로 떨어지고, 같은 잡지 출신들끼리 모여 자화자찬하면서 등 두드리고 위로한다. 독자와의 소통은 아예 도외시된다. 그래서 그들이 쓰는 글의 대부분이 땀 냄새 나고, 가슴 졸이며 읽어 내려가는 재미있는 이야기가 아니라 개인적인 일상의 소소한 즐거움과 슬픔이나 계절의 변화 등 주로 정적이고 정서적인 글이 주다. 그들 문학에서는 비누 냄새만 날 뿐이다. 이야기가 없는 문학, 수사만 있는 문학, 역사에 대한 깊은 고민이 없는, 얇고 가벼운 나만의 문학이 이 시대의 문학이랄 수 있을 것이다.

2. 고급문화와 대중문화의 동반상승을 이끈 스토리텔링

스토리텔링의 부재에 대한 논쟁은 예부터 있어 왔다.

1792년 정조는 당시의 천주교, 즉 서학 문제로 골치를 앓고 있었다. 서학 때문에 크고 작은 옥사가 끊이지 않았지만, 정조는 은근히 서학을 비호하고 있었다. 그래서 정조는 "사람들보다는 다만 그 책만 불사르라."라고 하면서 온건정책을 폈다. 그러나 그 이면에는 정치적 계산이 있었다. 당시 서학에 몰두하던 사람들 중에는 당시 정치적 실세였던 노론을 견제하기 위해 정조가 대항세력으로 키운 남인들이 많았기 때문이다. 체제공, 정약용 등이 바로 그들이다.

정조는 이러한 정치적 위기를 타개하기 위해 소위 '문체반정'을 시도한다. 다시 말해 당시 노론은 패관문학稗官文學을 수용했는데 정조는 이러한 것을 일소하고 ≪시경≫, ≪서경≫, ≪주역≫ 등 고문의 문체로 돌아가자는 것이다.

정조는 서학의 피해는 표면적인 것이지만 서학보다 더 위험하고 그릇된 이단은 ≪수호지≫, ≪삼국지≫ 같은 '이야기글' 즉 패관문학이라고 주장했다. 정조는 "문체는 세상의 풍속, 도덕과 밀접한 관계가 있어 나쁜 문체는 사람 마음을 어지럽히고 올바른 학문에 귀의하지 못하게 한다. 서학은 올바른 학문이 서면 자연히 없어지지만 패관문체에 대한 탐닉은 사람들을 오랑캐와 금수로 타락시켜 인륜을 부정하게 만든다."라는 논리를 폈다. 정조는 이 같은 논리를 강하게 밀어붙이면서 정국의 주도권을 잡아나갔다. 패관체로 상소를 올린 선비들에게는 과거도 못 보게 했다. 연암燕巖 박지원의 ≪열하일기≫가 당시 대표적인 패관 소품체였다. 그 후 정조가 죽자 남인은 몰락했고 이광수 등 신문학이 대두되면서 '이야기의 시대' 즉 소설의 시대로 이어졌다. 1990년대까지만 해도 동네 곳곳에 책 대여점이 있었고 주말이면 사람들은 하다못해 월간지라도 빌려 읽었다. 때맞추어 ≪토지≫ 같은 서사구조가 탄탄한 소설들이 연달아 선보이면서 TV도 이런 시대 추세를 반영하듯 크고 작은 문학작품들을 각색해 방영함으로써 문학과 영상의 밀월시대를 열어갔다. 10여 년간 이 기조는 지속되었다.

1927년 일본에서도 아쿠타가와 류노스케[芥川龍之介]와 다니자키 준이치로[谷崎潤一郎]의 이른바 '이야기 없는 소설'의 논쟁이 있었다. 아쿠타가와는 "이야기는 예술적 가치와는 무관하다."라고 주장한 반면 다니자키는 줄거리의 재미는 '사물을 짜 올리는 방식의 재미', '구조의 재미', '건축적 아름다움의 재미'이므로 예술적 가치가 없다는 말에 동의할 수가 없다고 반박했다.

미학에서는 형식(form)과 내용(content)의 논쟁은 항상 있어 왔다. 듀카스(Ducasse)의 구성적(design)측면과 극적(dramatic)측면, 그리고 올드리치(Aldrich)의 형식(form)과 표현(expression) 등에 관한 논쟁이 그것이다. 문학이 '이야기'만으로 성립될 수도 없고 또 '이야기 없는 수사'만으로도 문학이랄 수 없을 것이다. 재미있는 이야기에 거기에 걸맞은 아름다운 문체야말로 문학을 문학답게 하는 요소일 것이다.

특히 문학이나 TV드라마의 재미는 우리들 삶의 방향을 제시해 주고 정신적 양식을 제공한다는 사실에서 그 어떤 분야보다 그 영향력이 크다고 할 수밖에 없다. 그러나 문제는 오늘날 시민사회의 대두로 많은 사람들이 즐기는 문화가 곧 그 시대의 문화라는 인식이 일반적이긴 하지만 대중문화가 지나치게 대중을 의식해 말초적이라는 데 있다. 이러한 문화현상에 대해 안톤 체호프(Anton Chekhov)은 "고골리(Gogol)를 대중의 수준으로 끌어내릴 것이 아니라, 대중을 고골리의 수준으로 끌어올려야 한다."라고 했다. 대중문화는 본질적으로 통속적이긴 하지만 그 통속성을 좀 더 고급한 것으로 끌어올리려는 노력이 필요하다고 본 것이다.

고급문화와 대중문화가 동반, 발전해 왔다는 사실은 여러 예에서 발견할 수 있다. 1951년 구로사와 아키라(黑澤明) 감독의 〈라쇼몽[羅生門]〉이 베니스 영화제에서 황금사자상을, 그해 아카데미에서 특별상을 받았다. 그때까지 일본의 문학은 그다지 세계에 알려지지 않았지만 그 영화가 아쿠타가와 류노스케의 〈라쇼몽〉과 〈수풀 속에서〉라는 단편소설이 원작이라는 사실이 알려지면서 전 세계의 관심을 끌기 시작했다. 1952년에는 〈라쇼몽〉이 번역되는 것을 시작으로 수많은 일본 문학작품들이 번역되어 세계에 소개되기 시작했으며 1956년에는 가와바타 야스나리 〈설국〉이 번역 출판되었고 1968년 노벨문학상을 수상했다. 대중문화를 바탕으로 고급문화로 발돋움한 하나의 예가 되겠다.

물론 그 이전에 미야자키 하야오[宮岐駿] 같은 감독들이 애니메이션 영화를 통해 '노[能]'나 '가부키' 같은 일본의 문화를 전세계에 알려 일본 문화를 '메가 트랜드화'시켜 전 세계인의 문화로 만드는 데 성공했기 때문이기도 하다. 대중들이 좋아하는 대중문화와 함께 정신문화의 수준을 높이려는 노력을 꾸준히 해온 결과로 본다. 어느 것이 좋고 나쁘고가 아니라, 어떤 것이 더 감동적이냐에 초점이 맞추어진다. 고급문화와 대중문화는 이른바 쌍끝이다.

2009년에는 〈굿바이〉라는 일본영화가 아카데미상 외국영화상을 수상했다. 인간의 죽음이라는 통과의례를 감동적인 이야기 구조로, 또 지극히 일본적인 철학으로 풀어간 이 드라마에는 일본인들의 죽음의 미학이 고스란히 담겨있다. 또 같은 해 〈사각의 작은 집〉이라는 애니메이션 영화가 상을 받았다.

한국은 TV드라마가 이런 역할을 해왔다. 〈겨울연가〉를 시작으

로 몇몇 드라마가 한류열풍을 일으켰고 문화한국의 이미지를 상당히 높여준 선 사실이지만 이를 고급문화로 전환시키는 데는 실패했다. 과거 홍콩느와르(noir)가 비슷비슷한 스토리에 이연걸, 주윤발 같은 배우의 이미지에만 의존하다 장르 자체가 사라졌듯이 한국 TV드라마 역시 상업성에 기초한 천편일률적인 소재와 비슷비슷한 구성, 매번 똑같은 배우들만으로는 드라마의 다양성과 격조를 유지할 수가 없었다. 저속한 재미만 있고 일본의 경우처럼 격조 높은 작품성으로 환치시키지 못했기 때문이다. 대중문화를 바탕으로 고급문화로의 발돋움할 수 있는 계기를 잃었고 동시에 국격國格을 높일 수 있는 기회마저도 상실하고 말았다.

3 소설과 드라마의 동거

처음 영화가 등장했을 때, 다른 분야의 예술인들은 한결같이 영화를 경멸했다. 완전한 형태의 독립된 예술로 간주하지 않았기 때문이다. 특히 문학인들의 영화에 대한 경멸은 대단했다. 영화가 다른 예술은 영상으로 재현하거나 그 형태를 모방하는 것은 가능할지 몰라도 문학의 특성만큼은 침범할 수 없다고 공헌했다. 그러면서도 영화는 순수문학을 상업화시킬 것이라는 우려도 표명했다. 아도르노(Theodor Adorno)는 "보이지 않기에 상상력을 자극하는 활자매체와는 달리 영상매체는 직접 이미지를 보여줌으로써 상상력이 결여된 사람들을 양산하게 될 것이다."라고 경고했다. 그러나 영상시대 문학이 살아남기 위해서는 과감히 영화와 제

휴해야 한다는 주장도 대두되었다. 미국의 문학평론가인 레슬리 피들러(Leslic A Fiedler)는 1960년대에 이미 "문학이 영상매체와 경쟁하기 위해서는 우선 고답적이고 귀족적인 스스로의 패각貝殼에서 벗어나 영상매체가 갖고 있는 '대중적인 요소'들을 적극 수용해야 한다."고 말했다. 그는 또 영상매체의 상업적 속성과 대량복제로 인한 문제점을 경계하면서도 소설 역시 대량복제에 의한 상업주의적 속성이 있음을 솔직히 시인했다. 그에 의하면 소설은 원래 귀족들을 위한 시詩와는 달리 대중들을 상대로 시작되었기 때문에 모더니즘 계열의 소설들처럼 스스로 귀족화, 고급화하는 것은 소설 장르의 자멸을 초래하게 될 것이라고 경고했다.

반면 영화는 초창기부터 그 소재를 문학에서 찾기 위해 부단히 노력해왔고 1930대에 들어서서는 작가들이 본격적으로 할리우드와 손을 잡기 시작했다. 어니스트 헤밍웨이(Ernest Hemingway)는 직접 대본을 쓰지 않았지만 ≪킬리만자로의 눈(The Snows of Kilimanjaro)≫, ≪노인과 바다(The Old mam and The Sea)≫, ≪무기여 잘 있거라(A Farewell to Arms)≫, ≪누구를 위하여 종을 울리나(For Whom the bell Tolls)≫ 등 자신의 수많은 작품이 영화로 만들어진, 영화와는 아주 인연이 깊은 작가이다. 그 후 수많은 작품들이 영화화되어 영화와 문학의 밀월시대를 열어갔다. 찰스 디킨스(Charles Dickens)의 ≪위대한 유산(Great Expectation)≫, 샬롯 브론테(Charles Bronte)의 ≪제인 에어(Jane Eyre)≫, 에밀리 브론테(Emily Jane Bronte)의 ≪폭풍의 언덕(Wuthering Heights)≫, 토마스 하디(Thomas Hardy)의 ≪테스(Tess)≫ 같은 작품을 비롯해 최근에는 에밀 졸라(Emile Zola)의 ≪제르미날(Germinal)≫, 나다니엘 호손(Nathaniel Hawthorne)의 ≪주

홍글씨(The Scarlet Letter)≫ 같은 작품들도 선보였다.

이러한 현상에 대해 미국의 마크 셰크너(Mark Shechner) 교수는 "할리우드는 소설의 보물섬이다. 영화는 소설의 파괴자가 아니라 오히려 구원자다. 더 나아가 미국 현대소설의 건강은 전적으로 영화에 의존하고 있다고 말하고 싶다. 소설은 적어도 부차적 판권을 사용하지 않고는 돈을 벌 수 있는 장르가 아니다. 지난 10년 동안 영화로 만들어진 소설작가를 나열하면 그야말로 문인 사전이 된다."라고 했다.

한국의 경우도 원작소설의 각색이 본격화된 것은 6·25 이후다. 최초의 소설 각색이 채만식의 ≪탁류≫, 정비석의 ≪자유부인≫ 등이었다. 그중에서도 ≪자유부인≫은 당시 일대 센세이션을 불러일으켰고 원작자와 법학 교수 간의 윤리논쟁까지 불러왔다. 이 사건을 계기로 문제소설들이 속속 영화화되었다. 그중 문제작으로 꼽을 수 있는 것은 이범선 원작의 〈오발탄〉을 비롯해 주요섭의 〈사랑손님과 어머니〉 등을 꼽을 수 있다. 그 이후 흑백에서 컬러로 들어서면서 일제 강점시대에 나온 단편은 물론이고 해방 이후 대표적인 작가인 황순원, 김동리, 선우휘, 강신재, 홍성원, 손창섭, 박경리 등의 소설들이 영화화되기 시작했다. 한동안 문예영화의 봄을 타고 거의 모든 문학작품들이 영화화되었고 또 영화화된 작품마다 문예영화라는 미명 아래 크고 작은 각종 상을 휩쓸기까지 했다.

이러한 문학작품의 영화화가 국산영화의 수준을 높여준 것은 사실이지만 이로 인해 오리지널 극본의 빈곤을 초래하는 역효과도 나타났다. 그 후 TV의 등장이나 컴퓨터의 대량보급은 새로운 인식과 상상의 세계로 사람들을 이끌어갔다.

TV에서는 1967년 CBS-TV가 아서 밀러(Arthur Miller)의 ≪세일즈맨의 죽음(The Death of Salesman)≫을 2시간에 걸쳐 TV드라마로 만들어 프라임타임에 방영함으로써 10년 가까이 시청률 1위를 달리던 〈보난자〉를 제치고 히트를 하자 ABC는 〈67년 무대〉, CBS는 〈플레이 하우스〉 등을 제작 방송해 때 아닌 문예드라마의 전성기를 구가했다.

프란츠 카프카(Franz Kafka)는 "한 권의 책은 우리 속에 얼어붙은 바다를 깨는 도끼로써 작용하지 않으면 안 된다."라고 했으며, "일상의 잠, 습관과 나태의 막을 찢고 각질화(角質化)된 오감을 치료하기 위해서라도 '얼어붙은 바다'를 깨는 도끼로서의 문학작품을 만나는 일은 삶에 있어 반드시 필요한 일인 것이라며, 깊이 있는 사고를 기피하게 만드는 전자문화의 감각성이 가져오는 문화의 저급화(低級化)와 단순화를 경계하여 TV를 '바보상자'라는 냉소적인 명칭으로 부르게 되었다면 이러한 TV의 역기능을 보완하는 가장 바람직한 방편은 언어예술이 갖는 심원함과 내밀함을 도입한 문예 드라마의 제작이다."라고 강조했다.

한국TV의 문예드라마의 등장은 컬러 TV의 시작과 그 맥을 같이한다.

컬러 TV가 방송되기 이전인 1970년대의 TV드라마는 대체로 신파였다. 성질 고약한 시어머니 밑에서 착하기 그지없는 며느리가 방탕하기 짝이 없는 서방님을 하염없이 기다리는 순애보적인 사랑 이야기가 주였고 내러티브 구조 역시 약간 유치한 단순 플롯으로 권선징악이 주제였다. 〈여로〉, 〈아씨〉 등이 바로 그런 드라마들이었다. TV가 흔치 않던 당시에는 도시 사람들은 다방에 앉아 커피에 날계란 하나 넣은 평소보다 2배나 비싼 커피를 마시면서, 시골 사람들은 TV수상기가 있는 집에 온 동네 사람들이 다 모여 혀를 차면서 눈물을 흘리면서 드라마를 봤다. 그러다 사람들은 문득 언제까지 이런 감상적인 신파극을 봐야 하는가에 대해 회의를 느끼기 시작하면서 나타난 것이 코믹 드라마였다. 〈달동네〉, 〈야 곰례야〉 같은 드라마가 장안의 화제가 되면서 사람들은 벨도 없이 TV 앞에서 낄낄거렸다. 그러다 5공 정권이 들어서면서 방송의 통폐합이 추진되고 컬러 방송의 시작과 더불어 시작한 것이 'TV문학관'이었다. 이것이 문학과 TV드라마의 본격적인 만남이었다.

  이러한 드라마 탄생의 배경에는 첫째, 시대적 상황이 있었다. 군사독재의 콤플렉스를 문학의 순수성이나 문화의 고급화에서 해소해보려는 당시 위정자들의 일종의 위무慰撫정책의 일면도 있었고, 대중들의 현실정치에 대한 불만을 다른 곳으로 분산시키려는 의도도 있었음을 부인하지 못한다. 오락프로그램으로는 야외에서 수천 명을 모아놓고 한바탕 잔치를 벌이는 '국풍', 교양프로그램으로는 '이산가족 찾기', 드라마로는 'TV문학관' 같은 프로그램들이었다. 이른바 히틀러의 우민화愚民化 정책의 한 슬로건인 빵과 서커스(bread and circus) 정책이었다.

  둘째는 모든 역사발전의 원동력인 변증법적 발전이 문예드라마의 등장을 가져왔다. '제5의 벽'[2])으로 불릴 만큼 우리 생활의 일부분이 되어 버린 TV, 특히 한국에서의 TV는 대중들의 전형적이고 유일한 오락 기구였다. 코미디에 가까운 드라마를 보면서 우리들의 인식과 사고에 지대한 영향력을 미치는 TV가 언제까지 이래야 하는가에 대한 반성의 목소리와 함께 최소한의 품위를 지킬 수 있는 프로그램 한둘 정도는 있어야 문화매체로서의 존재가치가 있는 것이라는 주장이 나오기 시작한 것이다.

셋째, 내부의 자기반성이 무엇보다 중요한 계기가 되었다. TV 드라마를 시작할 당시 초창기 대부분 연출자들이 영화에서 유입되었고, 이들 연출자들이 조연출을 거쳐 데뷔를 하면서 과거 영화에서의 예술드라마에 대한 향수와 갈증이 표면화되었다. 어째서 영화는 예술로 대우받는 대신 TV드라마는 저질오락일 수밖에 없는가에 대한 진지한 고뇌가 있었던 것이다. 때마침 영화 쪽에서는 문학작품을 각색한 영화들이 비슷비슷한 내러티브 구조에다 천편일률적인 섹스드라마로 변질되어 관객들의 관심이 한 발 멀어지고 있던 시점이라 TV드라마의 예술성을 추구하는 목소리는 그 어느 때보다 설득력이 있었다.

이런 내외적인 관심과 기류가 맞아 떨어져 탄생한 것이 문학작품의 각색드라마였던 것이다. 그리하여 스튜디오 제작을 탈피하고 영화적인 제작방법인 올 로케이션(all location), 올 필름(all film) 제작

---

[2] 링스(Rings)는 그의 저서 《제5의 벽》에서 "텔레비전은 우리들 가정에서 네 개의 벽 이외에 '제5의 벽'과 같은 존재가 되었으며 가정에 전기나 수도가 있어야 하듯이 텔레비전도 빠뜨릴 수 없는 필수품이 되었다."라고 주장했다.

방식을 도입하기에 이른 것이다. 자연히 몽타주[3]와 미장센[4] 등 영화적인 기법들이 선보이면서 'TV 예술의 한 장르'의 경지로까지 발전되었다.

김동리의 〈을화乙火〉를 시작으로 무려 277편, '드라마초대석'이란 이름으로 24편, 'TV문예극장'으로 16편, '신TV문학관'으로 12편, 'HD문학관'으로 6편 등 무려 340편 가량의 문학작품이 영상화되었다. 그중 방송작가의 오리지널 극본은 단지 14편에 지나지 않았다. 이렇게 되자 원작으로 팔리지 않는 소설이 이상해 보이기

---

[3] 몽타주라는 용어는 프랑스어로 '부분품 조립'을 뜻하는 것으로 영화이론에 최초로 도입한 사람은 소비에트 영화이론가이자 감독인 쿨레쇼프(Lev Kuleshov)였다. 그는 '예정된 순서'대로 숏들을 결합하는 것을 몽타주라고 정의를 했다. 단순한 차원에서 숏과 숏을 잇는 것, 즉 편집을 말한다. 그러나 이 몽타주는 하나의 예술 원리로서, 좁은 의미의 편집을 초월한다. 몽타주는 특정한 미학적 효과를 위해 시각적 요소, 청각적 요소, 극적요소 등을 상호 결합하는 방식을 의미하기도 한다. 즉, 몽타주는 특정한 이야기를 효과적으로 전달하기 위해 모든 예술적 요소들을 배열, 결합하는 것을 말한다.

[4] 몽타주가 숏과 숏 사이의 관계에서 의미를 만들어 낸다면 미장센은 단순한 숏에 담긴 인간이나 사물들 사이의 관계에서 의미를 창출한다. 미장센은 본래 연극 용어로서, 장소에 배열한다(to put in place)라는 의미다. 다시 말해 무대장치, 의상, 조명, 배우의 움직임 등 시각적인 요소들을 배열하는 것을 의미한다. 미장센의 미학은 보통 장시간 촬영(long take), 전신초점(deep focus), 카메라의 움직임 등을 이용해 리얼리티의 시공간적 연속성을 보존하고 피사체와 배경적 상황을 명확히 보여준다. 원래 이 용어는 전후의 프랑스 평론가들이 비평용어로 사용하고, 누벨 바그(Nouvelle Vague) 감독들이 영화의 미학적 기법으로 사용함으로써 일반화 되었다. 특히 ≪까이에 뒤 시네마≫지의 트뤼포와 앙드레 바쟁에 의한 몽타주이론에 반하는 미학적 개념으로 개진 된 후 영화는 공간적 측면과 이에 따른 리얼리즘 미학으로 정착되었다. 즉 숏 하나에 담긴 그림의 구도를 일컫는다.

까지 하는 현상이 일어났다.

1992년 방송작가 고故 이은성의 ≪소설 동의보감≫이 백만 부 이상이 팔리면서 문학계 일각에서는 "문학은 죽었다. 이미지가 활보한다. 기어코 문자시대의 조종은 울리기 시작했다."라는 탄식이 쏟아져 나왔다. 급기야는 본격문학 쪽에서 ≪소설 동의보감≫이 대중을 유인하는 방법을 소설의 방법론으로 채택해야 한다는 제안도 나오고 "영화 같은 소설"을 써야 한다는 의견도 대두되었다.

소설은 이제 엄청난 독자를 영화나 TV에 빼앗기고 있다. 사람들은 책을 보는 대신 주말연속극에 몰두한다. 그래서 이제 소설도 변하지 않으면 안 되었다. 영화 같은 소설, 시나리오와 흡사한 소설이 나오기 시작했다. 예컨대 마이클 크라이톤(Michael Crichton)의 ≪쥬라기 공원≫은 처음부터 끝까지 마치 한 편의 영화 대본을 읽는 듯한 느낌을 주는 소설이다.

특히 전체 구성과 장면 전환 그리고 카메라를 의식한 기법과 스케치 식의 간결한 문체는 이 작품이 원래부터 영화 제작을 염두에 두고 쓰였다는 인상을 준다. 그런데도 이 소설이 스필버그 감독에 의해 영화화되었을 때 크라이톤은 데이비드 코프(David Koepp)와 더불어 각색 작업을 해야만 했다. 이것은 어떤 소설도 그것이 설사 영상적인 문법으로 쓰여졌다 하더라도 곧바로 영화 대본이 될 수 없다는 것을 시사하는 것이다. 다시 말해 제아무리 영화 대본처럼 보이는 소설이라 할지라도 소설과 시나리오는 서로 다르다는 것을 말한다. 소설 ≪쥬라기 공원(Jurassic Park)≫은 영화를 의식해서 쓰였다기보다는 영상매체에 익숙한 젊은 독자들을 겨냥해 쓰인 소설이라고 보는 편이 옳다. 이런 영화용 소설을 "스튜디오(studio) 소설"이라고 한다. 이 스튜디오 소설의 대표적인 작품이 토마스 해리스(Thomas Harris)의 ≪양들의 침묵(The Silence of the Lambs)≫이다. 소설의 공허하고도 스케치적인 언어는 마치 그 공백을 영화감독이 채워주기를 바라는 것처럼 보인다.

그러나 소설의 영상화가 곧 작품성을 보장하는 것은 아니다. 영화가 원작을 왜곡시킨 경우도 있고, 또 원작보다 훨씬 잘 만든 경우도 있다. 윌리암 포그너의 ≪성단≫은 이브 몽땅의 이미지를 맞추기 위해 악한을 다분히 동정적으로 묘사해 작품의 이미지를 훼손했고 ≪킬리만자로의 눈≫은 원작자인 헤밍웨이가 시사회 도중 퇴장해버렸다. 우리의 경우도 문순태, 이균영 등의 작가들은 자신의 작품들이 영상화 과정에서 훼손당했다고 항의한 적이 있다.

소설이 훌륭하다고 좋은 영화가 되지는 않는다. 엘리아 카잔(Elia Kazan) 감독의 〈워터 프론트(Water Front)〉는 훌륭한 영화지만 나중에 소설로 나왔을 때 그렇지 못했다. 제임스 조이스(James Joyce)의 ≪율리시즈(Ulysses)≫는 위대한 소설이지만 영화로는 그렇지 못했다. ≪내 사랑 히로시마(Hiroshima Mon Amour)≫의 감독 알랭 레네(Alain Resnais)는 "나는 소설을 각색한 작품을 만들고 싶지 않다. 왜냐하면 그것은 식사를 데워먹는 것이나 마찬가지이기 때문이다."라며 부정적인 견해를 밝혔다. 국내에서도 절대로 각색을 하지 않는 작가들이 몇 있다. 각색을 아무리 잘해도 그 공은 원작자에게 돌아가고 만다는 것이다.

또 원작보다 잘 만든 영화로서 시어도르 드라이저(Theodore Dreiser)

의 소설 ≪아메리카의 비극(An American Tragedy)≫을 각색한 〈젊은이의 양지(A Place in the Sun)〉, 캔 키지(Ken Kesey)의 ≪뻐꾸기 둥지 위로 날아간 새(One Flew Over the Cuckoo's Nest)≫, 밀란 쿤테라(Milan Kundera)의 ≪참을 수 없는 존재의 가벼움(The Unbearable Lightness of Being)≫을 영화화한 〈프라하의 봄(Spring of Praha)〉 등을 꼽을 수 있다. TV에서도 황석영의 〈삼포 가는 길〉, 김동리의 〈등신불〉, 이문열의 〈금시조〉 등이 잘 만든 드라마로 알려져 있다.

영화로 만들어져 베스트셀러가 된 경우도 있다.

영화 〈서편제〉가 히트하자 그 전까지 잘 알려지지 않았던 소설 ≪서편제≫가 베스트셀러가 되는가 하면 ≪축제≫는 처음부터 아예 영화용으로 쓰여진 소설이었다. 문학과 영화의 밀월시대에는 모든 문학작품들이 드라마나 영화의 대상이 되었고 좋은 작품은 출간되기가 무섭게 TV나 영화에 팔려나갔다. 소설 ≪레미제라블≫이 1913년 같은 제목으로 영화화 된 후 판매부수가 수천 권이 늘었고 1915년에 ≪골렘(Der Golem)≫이란 책은 영화화된 뒤 몇 주 만에 10만 부가 팔렸다. 또 에릭 시걸(Erick Segal)의 ≪러브 스토리≫는 8백만 부가 팔렸고 마리오 푸조(Mario Puzo)의 ≪대부≫는 250만 부가 팔렸다.

4. 시네 포임(cine poem)과 포에틱 필름(poetic film)

시와 영상을 넘나드는 말 중에는 '시네 포엠'과 '포에틱 필름'이라는 말이 있다. 각각 '영화적인 시', '시적인 영화' 이렇게 해석할 수 있다. 물론 이런 장르들이 그동안 대중들에게 크게 어필하지 못해 생소하기는 하지만, 시와 영상의 만남과 발전이라는 측면에서 새롭게 연구되고 발전되어야 할 분야다.

'시네 포엠'은 영화적인 기법을 시에 끌어들인 독특한 감각적인 시를 일컫는다. 이런 시가 처음 등장한 것은 1920년대다. 이 시네 포엠이 지향하는 문예사조는 다다이즘 혹은 초현실주의다. 이 시기의 초현실주의 시인 중에 앙드레 브르통(Andre Breton), 블레즈 상드라르(B. Cendrars) 등이 시 속에 과감하게 시나리오적인 기법을 도입하는 실험을 감행했다. 이 '시네 포엠'이라는 말을 처음 사용한 사람도 상드라르다. 동양에서는 시나리오의 문학운동을 전개한 일본의 키타가와(北川冬彦) 등이 이 영향을 많이 받았으며 한국에서는 '달, 포도, 잎사귀'의 시인 장만영이 여기에 속한다.

'시네 포엠'이 영상적 이미지의 실험적인 시(詩)라면 '포에틱 필름'은 시적인 이미지를 구체화한 '전위적인 예술영화'라고 정의할 수 있다. 또 오늘날에는 리듬, 구도, 상징적 영상과 음향을 중요시하는 영화나, 영혼이나 영감 등 약간 비현실적인 리얼리티를 강조하는 '전위영화 계열'을 지칭하는 개념으로 널리 쓰인다. 또 '포에틱 필름'은 할리우드의 상업영화와 잘 짜여진 극영화에 반하여 일어난 뉴아메리카 시네마 운동의 과정에서 생겨났다.

이 용어를 처음 사용한 사람은 메카스(J. Mekas)다. 이 운동의 뿌리는 실은 1920년대의 프랑스의 '포토 제닉(photogenic)'파에 두고 있다. 루이 델뤽(Louis Delluc)의 영화이론에서 비롯된 이 말은, 요즘은 미인대회 같은 데서 사진발 잘 받는 여자를 지칭하는 말로 통용되지만, '사진적 영혼' 즉 카메라의 차갑고 냉정한 금속성의 객관성으로부터 영상을 독립시켜 주관적, 정신적, 영혼적 기호를 강조한 영화 특유의 혼합적 미학으로 설정된 개념이다.

에이젠슈테인(Sergei M. Eisenstein)의 몽타주 이론이 영화의 기술적 형식과 리듬을 강조했다면 포토 제닉파는 내면적 리듬의 영상미학을 추구함으로써 영화를 예술적 지위로 격상시켰다. 시와 영화의 결합은 1930년대 후반을 지배한 프랑스의 시적 리얼리즘에 이르러 최고조에 이르렀다. 장 르누아르(J. Renor), 줄리앙 뒤비비에(J. Duvivier) 등이 가세한 시적 리얼리즘은 미장센(mise-en-scene), 딥 포커스(deep forcus) 등의 영화언어를 개척했고 내용 면에서는 네오-리얼리즘 계열의 영화에도 그 영향을 미쳤다.

그러나 1950년 이래 이러한 사조가 시들해진 면이 있긴 하지만 그래도 가장 상징적인 존재는 장 콕토(J. Cocteau)다. 그는 〈시인의 피(1930년)〉, 〈미녀와 야수(1946년)〉, 〈오르페의 유언(1960년)〉 등을 만든 천재였다. 스탠리 카우프만은 "잉그마르 베르히만, 페데리코 펠리니(Federico Fellini), 미켈란젤로 안토니오니(Michelangelo Antonioni) 등이 영화를 소설과 시의 영역이었던 은밀한 내면이나 무의식의 영역까지 확대시켰다."고 지적했다. 그리고 최근에 와서 가장 시적인 영화를 만든 사람으로 안드레이 타르코프스키(Andrei Tarkovsky)를 꼽을 수 있다.

비교적 최근에 개봉된 영화 중에 뛰어난 포에틱 필름(시적 영화)으로는 양로원을 몰래 빠져 나와 그들의 고향을 찾아가는 한 쌍의 남녀노인의 고단한 삶을 그린 로드무비 스타일의 〈자연의 아이들〉, 전후 폐허의 상실감 속에서 소리 없이 피어나는 인간애와 사랑을 천진난만한 어린아이들의 눈을 통해 그린 르네 끄레망(Rene Clement) 감독의 〈금지된 장난(Forbidden Game)〉, 또한 클로드 를로슈 감독의 ≪남과 여≫, 그 외 로버트 레드포드의 ≪흐르는 강물처럼(A River Runs Through It)≫이나, ≪황금연못(On Golden Pond)≫ 같은 영화도 이런 영화로 분류할 수 있다.

국내에서는 배용균 감독의 〈달마가 동쪽으로 간 까닭은〉을 들 수 있다. 존재의 허망(虛妄)과 생의 관조 그리고 슬픈 숙명의 노래를 필름 위에 썼다. 음영 깊은 화면, 물, 바람, 새, 나뭇잎의 흔들림, 다비의 아름다운 불꽃 등은 한 편의 시를 영상으로 옮겨 놓은 것 같다.

시를 원작으로 이를 영상으로 옮긴 예가 있다. 김광규의 시 〈희미한 옛 사랑의 그림자〉, 신경림의 〈농무(農舞)〉 그리고 곽재구의 시 〈사평역〉이 드라마화 되었다.

이들 시의 공통점은 시 속에 추측 가능한 스토리텔링이 있다는 것이다. 영화적인 시, 즉 시네 포임이다.

곽재구의 〈사평역〉의 전문이다.

    막차는 좀처럼 오지 않았다.
    대합실 밖에는 밤새 송이 눈이 쌓이고
    흰 보라 수수꽃 눈 시린 유리창마다
    톱밥난로가 지펴지고 있다.
    그믐처럼 몇은 졸고

몇은 감기에 쿨럭이고
그리웠던 순간을 생각하며 나는
한 줌의 톱밥을 불빛 속에 던져주었다.
내면 깊숙히 할 말들은 가득해도
청색의 손바닥을 불빛 속에 적셔두고
모두들 아무 말도 하지 않았다.
산다는 것이 때론 술에 취한 듯
한 두름의 굴비 한 광우리의 사과를
만지락거리며 귀향하는 기분으로
침묵해야 한다는 것을
모두들 알고 있었다.
오래 앓은 기침 소리와
쓴 약 같은 입술담배 연기 속에서
싸륵싸륵 눈꽃은 쌓이고
그래 지금은 모두들
눈꽃의 화음에 귀를 적신다.
자정 넘으면
낯설음도 뼈아픔도 다 설원인데
단풍잎 같은 몇 잎의 차장을 달고
밤 열차는 또 어디로 흘러가는지
그리웠던 순간들을 호명하며 나는
한 줌의 눈물을 불빛 속에 던져주었다.

이 시는 가난과 추위에 허덕이면서도 인정을 잃지 않고 사는 우리 이웃들의 따뜻한 인정과 체취를 밑바닥에 깔면서, 인생살이의 힘겨움과 좌절들을 다소 체념적으로 회상하고 있는 젊은이의 내면이 눈 내리는 시골 간이역 대합실을 배경으로 아름답게 그려지고 있다. 여기에는 추측 가능한 스토리가 있다.

이 시를 바탕으로 소설가 임철우는 동명의 소설을 발표했다. 시에서 등장하는 다소 모호한 이미지를 소설에서는 구체적으로 형상화시켰다. 병든 아버지를 병원으로 모셔 가는 농부, 복역 중에 만난 사상범의 부탁으로 그의 노모를 찾았다가 노모가 죽었음을 알고 망연자실해 돌아가는 중년 사내, 제적당한 자신의 처지를 차마 아버지에게 알리지 못하고 고향을 떠나는 대학생, 무작정 상경했다가 멋쟁이 처녀로 차려입고 내려온 신촌 민들레집 작부 춘심이, 오지를 돌며 해산물과 옷가지를 팔고 다니는 행상 아낙네, 돈 훔쳐간 사평댁을 잡으러 왔다가 불쌍한 모습에 오히려 있는 돈까지 털어주고서는 억울해 하는 식당 여주인, 대합실 나무의자에 잠들어 있는 미친 여자, 그 미친 여자 때문에 승객들이 연착한 막차를 타고 다 떠난 뒤에도 톱밥난로를 끄지 못하는 역장…… 오지 않는 막차를 기다리는 동안 이들은 내면을 조금씩 드러내며 서서히 친해진다. 〈희미한 옛사랑의 그림자〉도, 〈농무〉도, 김광규의 〈묘비명〉 같은 시도, 시속에 스토리텔링이 있다. 함민복의 〈눈물은 왜 짠가?〉도 영상화가 가능한 시들이다.

5. 왜 문예드라마가 사라졌는가?

영화와 TV드라마는 기계예술이고 문학은 문자예술이다. D.W

그리피스 이래로 문학이 영상에 상당히 영향을 끼쳐온 것은 사실이며, 동시에 영상 또한 문학에 중요한 영향을 끼치면서 현대에 와서는 영상적 글쓰기라는 반향까지 불러일으키고 있다. 그것은 영상적 형식과 문학적 형식이 강한 유사성을 지니며 모두가 이야기 예술이라는 매우 단순하지만 주요한 사실에서 기인한다. 그러면서도 영상과 문학은 서로 다르게 모순적으로 반응해 왔다. 1990년대 후반부터는 신세대 작가들을 중심으로 이야기의 본질인 소설을 쓰면서도 '스토리텔링'에 의존하기보다는 '시각적 이미지, 혹은 논스토리적' 이야기를 추구하는 작품들을 선보이면서 '영상으로 옮길 만한 소설'들이 거의 없어졌다는 데서 기인한다. 과거 한국문학의 백미들을 TV가 10여 년 동안 거의 모두 드라마화 함으로써 더 이상 영상화 할 작품이 없다는 것이 이유이겠지만 젊은 작가들이 선배작가들이 그려낸 '재미있는 이야기 있는 소설들을' 더 이상 그려내지 못하고 있기 때문이기도 하다.

문학의 소재나 규모 또한 도도한 흐름을 추

구하는 감동적인 스토리가 아니라 그냥 연애 이야기, 살아가는 이야기가 대종을 이루면서 강력한 이야기 중심으로 시청자를 끌어안아야 하는 드라마의 속성상, 담을 그릇이 마땅하지 않자 각 방송국은 아예 'TV문학관'과 같은 단막드라마를 폐지해 버렸다. 그러면서 TV드라마는 보다 폭력적이고, 보다 불륜적인 '강렬한 이야기 중심의 드라마'로 탈바꿈했다. 이는 문학 쪽에서 먼저 '드라마화할 거리의 소설'이 없는 데서 기인하는 건지, 아니면 드라마 쪽에서 먼저 강렬한 이야기 구조로 방향을 바꾼 건지는 모호하지만 오늘날 문학과 드라마의 결합 드라마는 거의 없다. 이제 더 이상 TV드라마가 전범으로 삼았던 과거 ≪토지≫, ≪태백산맥≫ 같은 도도한 흐름과 깊이 있는 역사의식을 추구하거나, 〈금시조〉, 〈삼포 가는 길〉, ≪홍어≫ 같은 인간 내면의 고통을 추구하는 작품들이 소설에서 사라진 것을 기점으로 TV드라마는 대중문화임

을 핑계로 저급한 하수도 문화로 전락하고 말았다. 사람들 역시 이제는 소설을 읽기보다는 드라마나 영화를 찾고, 보다 읽기 편한 만화를 더 선호한다. 만화는 주로 이야기에 치중하는 시각적인 매체다. 언어로서 사물을 설명하기 보다는 그림으로써 스토리를 진행시킨다. 깊이 있는 통찰보다는 피상적인 현상에 더 치중할 수밖에 없다. 그래서 재미있어야 한다. 많은 만화들이 영화나 TV드라마로 만들어지는 이유다.

그러함에도 불구하고 TV드라마나 영화, 그리고 만화 같은 동적이고 재미있는 매체가 오늘날 우리 사회의 중심적 매체로 자리 잡고 있긴 하지만 이들이 진정한 문화로서의 역할에 대해서는 회의적이다. 이제 문학과 영상, 둘 다 위기라고 할 수밖에 없으며 그들 두 매체는 상호 발전할 수밖에 없는 동시대 문화임을 부인할 수는 없다. 문학은 영상을 통해 그 생명을 얻고 영상은 문학을 통해 에너지를 공급받을 때 두 매체는 상호 발전할 수 있을 것이다. 그것은 과거 1980년대의 'TV문학관'이 그렇고 아직까지 많은 사람들이 'TV문학관'이 방영된 후에 보이는 열렬한 지지가 그러하다. KBS가 수신료를 올리려 하지만 많은 국민들이 공영성을 담보하지 않으면 안 된다는 의식 또한 그런 맥락에 찾아야 한다. 드라마는 10년 주기로 변증법적 발전을 한다고 했다. 최근 몇 년 전부터 수억의 돈을 들인 외형적인 화려함을 지향하는 드라마나 인기 한류 스타들이 출연한 드라마들이 시청률면에서 고전을 면치 못하고 있다. 이를 변화의 조짐으로 보는 시각이 있다. 문예드라마가 성공할 수 있는 이유다.

그러나 여기 한계는 분명히 있다. TV는 누가 뭐래도 대중문화라는 사실이다. 대중은 TV에서 심각한 것을 바라지는 않는다. 갈수록 지능화하는 외국 드라마에 맞서 한국 TV가 살 수 있는 길은 무엇인가? 미국 드라마 〈프리즌 브레이크〉가 보여준 사전 기획, 사전 제작을 한국TV는 따라갈 수 없다. 돈과 인력과 기술이 없다. 무모한 주간 단위의 제작은 연출자를 비참한 노예로, 연기자를 하급 노동자로 만들고 있다. 거기에다 부족한 아이디어로 매번 똑같은 상황만을 되풀이하는 방송작가들 역시 역부족이다. 그런 콘텐츠로 방송의 공영성을 담보할 수는 없다. 방송의 공영성은 TV의 사회적 영향력이 커질수록 그리고 사회가 비인간화 되고 속물화 할수록 더욱 절실한 덕목이 될 수밖에 없다. TV가 국민들의 의식을 황폐화시키고 저질화시킨다는 지적은 수도 없이 받아왔음은 주지의 사실이다. 소설이 갖는 미학적 요소와 교훈적 요소를 TV의 시각적 효과와 직각적인 전달 기능으로 소화해 낼 때 TV는 문화매체로서의 기능은 물론이고 국민오락 기구로서 자리 잡을 수 있을 것이다.

6. 결론

문학은 언어의 숲이지만 '카메라 만년필'설[5]이 증명하듯 TV드

---

[5] 카메라를 '펜'이라고 가정하고 마치 소설가가 펜으로 글을 쓰듯이 영화감독은 카메라를 펜처럼 자유롭게 사용하여 영화를 만들어야 한다는 주장. 아스트륙이 ≪프랑세즈≫지에 쓰면서 비롯되었다.

라마는 영상으로 쓴 이야기다. 소설이 갖고 있는 향기와 아우라는 원작의 언어뿐이 아니라, 배경이나 음악, 효과 등을 포함해 원작의 그것보다 더욱 더 감동으로 이끌어 낼 수가 있다.

이제 다시 문학이다.

아무리 기술이 발전하더라도 언어를 배제하고 대체할 수 있는 문화란 없다. 그림은 어디까지나 보조 장치다. 설명하고 깊이 이해시키는 건 역시 문자다. 헤르만 헤세는 "인간의 정신으로 창조해 낸 수많은 세계 가운데 가장 위대한 것은 책의 세계다."라고 했다. 인간은 언어의 동물이고 책은 변함없는 진리의 세계다. 진시황이 책을 불살랐을 때 그는 이미 인간이길 포기한 것이다.

결론적으로 소설과 드라마는 같이 발전해야 한다. 그리고 영상은 이제 돌이킬 수 없는 이 시대의 화두다. 문화의 생산과 소비는 책이라는 형태와 더불어 영상매체를 통해서도 똑같이 이루어지고 있다. 이러한 현실에서 문학은 스스로의 패각을 깨고 타 장르와 교류를 통해 저변을 확대할 필요가 있다. 재미있고 감동적인 스토리가 있는 소설을 TV가 여하히 흥미롭게 각색하여 대중들에게 전달할 것인가는 문학의 확대이며 매체 상호간의 특성과 장점을 살려 한 단계 높은 새로운 문화에의 창출을 기대할 수 있을 것이다. 그뿐만 아니라 가장 대중적인 TV에도 혁명적인 지각변동을 예감할 수 있기 때문에 이를 발전시켜 나가는 것이야말로 이 나라의 대중문화를 한 단계 끌어올리는 계기가 될 것임을 확신한다.

결론은 이렇다.

나비야, 청산 가자. 범나비야, 너도 가자.

장기오 수필집
누구에게나 마음속의 강물은 흐른다

인쇄 2015년 6월 20일
발행 2015년 6월 25일

지은이 장기오
발행인 서정환
펴낸곳 수필과비평사
주소 서울시 종로구 삼일대로 32길 36(익선동 30-6 운현신화타워 빌딩) 305호
전화 (02) 3675-5633, (063) 275-4000 · 0484
팩스 (063) 274-3131
이메일 sina321@hanmail.net   essay321@hanmail.net
출판등록 제300-2013-133호
인쇄 · 제본 신아출판사

저작권자 ⓒ 2015, 장기오
이 책의 저작권은 저자에게 있습니다. 서면에 의한 저자의 허락없이 내용의 일부를
인용하거나 발췌하는 것을 금합니다.
COPYRIGHT ⓒ 2014, by Jang Gio
All rights reserved including the rights of reproduction in whole or in part in any form.
저자와 협의, 인지는 생략합니다.
잘못된 책은 바꿔 드립니다.

ISBN 979-11-85796-73-4   03810
값 15,000원

이 도서의 국립중앙도서관 출판시도서목록(CIP)은 서지정보유통지원시스템 홈페이
지(http://seoji.nl.go.kr)와 국가자료공동목록시스템(http://www.nl.go.kr/kolisnet)
에서 이용하실 수 있습니다.(CIP제어번호: CIP2015016906)

Printed in KOREA